Le métavers est mort

« Nous avons toujours tendance à surestimer l'incidence d'une nouvelle technologie à court terme et à la sous-estimer à long terme. »

Roy Amara,
Fondateur de l'Institut pour le futur, Silicon Valley, 1968

Préface

Cet ouvrage est le fruit d'échanges riches et stimulants que j'ai eus avec l'auteur au cours de ces derniers mois. Dès notre première conversation, j'ai été frappé par la sincérité de sa démarche, un mélange de curiosité et d'humilité. Bien souvent, le rôle de l'intervieweur et celui de l'interviewé s'entremêlaient, comme si nous explorions ensemble une énigme dont aucun de nous ne détenait encore toutes les clés. Cette dynamique, qui allait bien au-delà d'un simple jeu de questions et réponses, a donné naissance à un dialogue.

Ce livre, conçu sous la forme d'une discussion, reflète cette quête commune. J'y ai posé les questions que beaucoup d'entre nous pourraient avoir : les plus évidentes, mais aussi les plus dérangeantes. Qu'est-ce vraiment que le métavers ? Pourquoi suscite-t-il autant de passions, de peurs, et parfois de rejet ? Ses promesses technologiques sont-elles réalistes ? Et à quel prix ? Ces interrogations ont été abordées sans détour, et l'auteur, dans sa réflexion, n'a esquivé aucun sujet. Bien au contraire, il a su plonger dans les dimensions sociétales, environnementales, économiques et technologiques avec lucidité.

Le titre lui-même, *Le métavers est mort,* a été pour moi une provocation dès le départ. Une déclaration abrupte, presque définitive, qui semble sceller le destin de cette technologie avant même qu'elle ne soit pleinement comprise. Mais très vite, au fil de nos discussions, j'ai compris que cette « mort » n'était pas une fin, mais une transformation, une remise en question salutaire. Derrière ces mots volontairement percutants se cache une vérité plus subtile : le métavers, tel que nous l'avons imaginé dans l'euphorie des premières annonces, n'existe pas. Ou plutôt, il n'existe plus sous cette forme idéalisée et naïve. Ce que l'auteur met en lumière, c'est que ce concept évolue, parfois en silence, parfois dans le fracas des désillusions, pour renaître autrement.

Afin de rendre cet autre monde plus accessible, j'ai insisté pour que l'auteur illustre ses idées par des exemples concrets. Que ce soit une horde d'avatars poulets tyrannisant VRChat, un utilisateur volant de fleur en fleur en incarnant une abeille virtuelle, ou encore des batailles de pop-corn dans une salle de cinéma virtuelle, chaque anecdote apporte une profondeur tangible et ludique à des concepts souvent perçus comme abstraits. Ces récits, à la fois simples et saisissants, rendent le métavers plus humain, plus proche, même pour ceux qui le regardent encore avec méfiance.

En reparcourant ces pages, j'ai été transformé. Certains passages m'ont rassuré, en montrant les promesses incroyables d'un futur où le virtuel et le réel cohabitent harmonieusement. D'autres m'ont dérangé, en dévoilant les dangers sous-jacents : l'empreinte écologique, les risques de surveillance, ou encore l'influence des grandes entreprises qui façonnent cet univers selon leurs intérêts. Mais en tout temps, j'ai veillé à ne pas censurer les réflexions, à préserver l'intégrité et la spontanéité des échanges.

Ce qui rend ce livre si singulier, c'est qu'il ne se contente pas de répondre. Il invite à questionner, à réfléchir, à sortir de nos certitudes. J'ai quitté nos discussions avec encore plus de questions qu'à leur début, mais des questions plus fondamentales, plus urgentes. Car au fil de nos conversations, une vérité s'est imposée : le métavers, loin d'être une simple technologie, est un miroir. Il reflète nos ambitions, nos peurs, et notre responsabilité collective dans sa construction.

Le titre résume à lui seul cette ambivalence. Il sonne comme un coup d'arrêt, mais il est aussi un appel à dépasser les illusions et à repenser le concept. L'histoire du métavers n'est pas celle d'un futur lointain ou hypothétique. Elle s'écrit maintenant, et elle est entre nos mains. À nous de décider si ce nouvel espace numérique sera un outil d'émancipation ou un piège de notre création. Ce livre, j'en suis convaincu, ne fait pas qu'ouvrir un débat. Il en est le point de départ, une invitation à imaginer, ensemble, ce que pourrait devenir le métavers.

Anonyme

Introduction

« Au seuil des illusions technologiques, n'oublions jamais que l'avenir se bâtit sur les débris des espoirs déchus. »

Le titre de votre livre interpelle. Qu'est-ce qui vous a poussé à choisir une formule aussi forte pour ouvrir la discussion sur le métavers ?

En décembre 2000, le Daily Mail publiait un article visionnaire, ou du moins c'est ainsi qu'il se présentait, prédisant la mort de l'Internet. Selon l'article, rédigé par James Chapman, l'Internet était considéré comme une « mode passagère », un simple engouement voué à s'éteindre aussi rapidement qu'il était apparu. S'appuyant sur une étude de la Virtual Society, l'article expliquait que les utilisateurs, notamment les jeunes, se détournaient de l'Internet, lassés par les frustrations des connexions lentes et coûteuses, et le poids des informations inutiles. On prédisait même que le courriel, loin de devenir un substitut durable aux modes de communication traditionnels, allait être rejeté, tant il compliquait les échanges et ajoutait au stress informationnel. Ces conclusions, bien que formulées de manière définitive, sont devenues des témoignages ironiques de la manière dont les technologies suscitent des réactions polarisées, souvent exagérées dans les premiers stades de leur adoption.

Un tel scepticisme est souvent observé face à des innovations majeures. Le cas de l'Internet, loin d'être isolé, s'inscrit dans une longue série d'exemples où les experts et les médias ont sous-estimé la transformation que de nouvelles technologies allaient opérer dans nos vies. Le phénomène est identique aujourd'hui avec le métavers : pour certains, il ne s'agit que d'une utopie technologique vouée à l'échec, tandis que pour d'autres, il représente l'avenir de la connexion humaine. Ces mêmes opinions divergentes se sont fait entendre, d'ailleurs, autour des cryptomonnaies, souvent décriées comme de simples bulles spéculatives. On comprend seulement aujourd'hui l'impact de ces dernières sur la finance traditionnelle.

Dans le cas du métavers, les réactions sont frappantes. Depuis que Mark Zuckerberg a rebaptisé Facebook en Meta en 2021, on assiste à une cascade de réactions, des articles prédisant sa disparition imminente aux commentaires exaltés des entrepreneurs tel Artur Sychov, fondateur de Somnium Space, qui avec un humour pince-sans-rire, déclarait en réponse à une annonce de la mort du métavers qu'il irait déposer des fleurs virtuelles sur sa tombe dans Decentraland[1]. Ce contraste montre l'ironie de notre époque. Comme l'Internet, le métavers est en train de se construire, de se transformer, et ce que nous voyons aujourd'hui n'est qu'une étape de son évolution.

En rédigeant ce livre, j'ai cherché à offrir un regard nuancé, à dépasser l'opposition simpliste entre un succès total et un échec retentissant. Il faut entendre les critiques, non pour les balayer, mais pour les intégrer dans une réflexion constructive. Le scepticisme vis-à-vis du métavers est fondé, et il met en lumière des faiblesses et des défis réels. De nombreux projets n'ont pas abouti, et les retours sur investissement, notamment pour les grandes entreprises

---

[1] Decentraland est un métavers décentralisé sur la *blockchain*, où les utilisateurs peuvent créer, posséder, et monétiser des terrains virtuels tout en participant à la gouvernance de la plateforme via la cryptomonnaie Mana.

comme Meta, peinent à se concrétiser. Cette technologie se heurte à des limitations : du matériel trop encombrant, des interfaces peu intuitives, des coûts d'équipement élevés. En revanche, elle possède également un potentiel immense, une promesse de connexion qui transcende les barrières physiques.

Des entreprises comme Nike, avec son espace Nikeland sur Roblox[1], explorent de nouvelles façons d'interagir avec les consommateurs en créant des expériences immersives, tandis qu'aux Émirats arabes unis, le gouvernement a créé un « ministère du métavers » pour explorer le potentiel de cette technologie dans l'administration publique. Ces initiatives montrent que les applications sont diversifiées, allant bien au-delà des simples jeux ou des interactions sociales. Cependant, la diversité des cas d'usage illustre également l'absence d'une vision unifiée de ce que le métavers pourrait devenir.

Il est nécessaire de dépasser les perceptions polarisées, d'examiner les possibilités et les défis du métavers. À l'instar de l'Internet, qui a su intégrer la vie quotidienne malgré les prédictions pessimistes, cette technologie pourrait s'inscrire dans nos usages futurs, peut-être de manière subtile, peut-être de manière radicale. Ce n'est ni une utopie ni une

---

[1] Roblox est une plateforme de création et de jeu en ligne permettant aux utilisateurs de concevoir leurs propres jeux et de participer à ceux créés par d'autres, dans un environnement virtuel immersif.

dystopie : c'est une transformation continue qui, loin des projecteurs, façonne discrètement notre rapport au monde. De manière symbolique, j'ai choisi d'ouvrir chaque chapitre par une épitaphe accompagnée de sa métaphore visuelle, qui pourrait, en un sens, s'appliquer au métavers si les orientations adéquates ne sont pas adoptées. Mon intention est de sensibiliser aux dangers bien réels que cette technologie recèle, sans pour autant la condamner définitivement, car ces épitaphes, bien entendu, demeurent fictives. Elles sont là pour rappeler que si ce projet venait à s'égarer, il pourrait être retenu dans les mémoires non pas comme une innovation salvatrice, mais comme une promesse dévoyée.

Que signifie l'annonce d'une « mort » du métavers comme on a pu le lire dans de nombreux médias ?

Tout simplement l'incompréhension du public, combinée à des attentes contradictoires et à l'essoufflement d'un engouement qui n'aura duré que quelques mois. D'une part, le métavers est perçu comme un ensemble disparate de technologies : réalité mixte, mondes virtuels, réalité augmentée, NFT, cryptomonnaies. D'autre part, sa promesse de devenir un espace de convergence numérique souffre d'une vision floue. Cela conduit à des perceptions biaisées qui simplifient ou caricaturent cette technologie.

Une des sources de cette incompréhension réside dans la multiplicité des usages. Par exemple, certains utilisateurs considèrent les NFT[1] comme de simples objets de spéculation, tandis que d'autres y voient des clés pour la propriété numérique dans les espaces virtuels. Les questions des droits d'auteur et de sécurité de ce type d'actifs numériques soulignent leur complexité, et souvent, les utilisateurs ne réalisent pas que leurs droits dépendent des conditions imposées par les plateformes, rendant cette propriété fragile.

En parallèle, le concept de métavers, lié à des annonces et projets tapageurs comme ceux de Meta, a également créé une confusion. La réduction des investissements et d'effectifs des acteurs majeurs autour des projets métaversiques renforce la perception d'un manque de direction.

Cela veut-il dire qu'il n'existe pas de définition claire et unique du métavers qui fasse l'unanimité ?

En effet, nous avons parfois l'impression que chaque acteur apporte sa propre définition, bien sûr, une vision qui met en avant sa perspective personnelle. Toutefois, une première définition que j'apprécie particulièrement est l'acronyme VIP, qui se réfère à un espace Virtuel, Immersif et Persistant. Le terme virtuel souligne la nature numérique du

---

[1] Un NFT (pour Non-Fungible Token, ou jeton non fongible) est un actif numérique enregistré sur une chaîne de blocs, permettant de certifier la propriété et l'authenticité d'un objet virtuel, qu'il s'agisse d'œuvres d'art, de musique ou d'autres types de contenus.

métavers. Immersif implique que ce monde a la capacité de susciter des émotions et de captiver notre attention. Quant à la persistance, elle indique que cet univers n'est pas temporaire et ne s'efface pas ; il continue d'exister et d'évoluer même en notre absence.

J'adhère globalement à cette vision, même si, en ce qui concerne la persistance, je pense qu'elle n'est pas toujours indispensable. Cela dit, dans de nombreux cas, elle apporte une dimension essentielle de crédibilité et de continuité aux univers virtuels. Il me semble qu'il faudra trouver un équilibre entre persistance et personnalisation. La persistance ne doit pas compromettre la capacité d'un environnement à s'adapter en temps réel, afin d'offrir une expérience véritablement individualisée.

Un monde virtuel immersif persistant pourrait intégrer des couches de personnalisation temporaires, capables de répondre aux préférences ou aux besoins spécifiques de chaque utilisateur. Cela signifie qu'un même univers pourra idéalement ajuster son apparence, sa structure ou certaines de ses caractéristiques pour créer une expérience sur mesure.

Une autre approche, proposée dans le rapport interministériel de la mission sur le développement des métavers publié en octobre 2022[1], définit ce dernier comme

_____

1 Il est possible de consulter le rapport à cette adresse : https://www.culture.gouv.fr/espace-documentation/Rapports/Rapport-de-la-mission-sur-le-developpement-des-metavers

« un service en ligne donnant accès à des simulations d'espaces 3D en temps réel, partagées et persistantes, dans lesquelles on peut vivre ensemble des expériences immersives ». Cette définition reprend les mêmes éléments clés, mais précise l'environnement tridimensionnel, en temps réel, avec une dimension sociale.

Pour ma part, je conçois le métavers comme une convergence de technologies variées, capables de transformer en profondeur nos expériences numériques pour les rendre plus naturelles. Toute technologie qui améliore nos actions qui ont lieu via un support digital pour les rendre plus immersives s'approchent de ma vision de ce qui peut appartenir à la famille des solutions métaversiques.

Je n'exclus donc pas des éléments comme la réalité étendue[1], les jumeaux numériques[2], ni les applications industrielles ou de divertissement. Il serait réducteur de limiter le métavers à des jeux vidéo tels que Fortnite ou Minecraft, bien qu'ils en soient des exemples emblématiques.

J'imagine que cela doit être frustrant de voir une discordance sur le concept même, d'autant que les acteurs du métavers semblent parfois vaciller.

---

[1] La réalité étendue (XR, pour Extended Reality) désigne l'ensemble des technologies immersives englobant la réalité virtuelle (VR), la réalité augmentée (AR) et la réalité mixte (MR). Elle vise à enrichir l'expérience utilisateur en mêlant le monde physique et le numérique à des degrés divers.
[2] Répliques virtuelles d'objets ou de systèmes réels, utilisées pour les surveiller, les tester et les améliorer grâce aux données collectées.

Il est vrai que j'aurais toutes les raisons de m'impatienter face aux imperfections de l'écosystème et à ses contradictions. Voyez, par exemple, Spatial.io, une plateforme qui, malgré son potentiel, souffre encore de bugs qui, au vu de la maturité atteinte par la technologie, semblent durs à accepter pour les développeurs. Pendant plusieurs jours, il a été impossible de modifier la taille des objets dans une scène, ce qui a paralysé le travail de nombreux professionnels ayant des engagements envers des clients qu'ils n'ont pas pu honorer.

Une autre plateforme majeure de réalité augmentée a, quant à elle, mal géré la migration entre deux chaînes de blocs[1], entraînant d'importantes pertes. Selon mes estimations, environ 40 000 € de terrains virtuels se seraient évaporés ou auraient été vendus en doublons. J'ai fait partie des personnes ayant perdu leur bien dans ce processus. Et la liste des incidents est encore longue…

À une échelle moins anecdotique, les signaux contradictoires autour des investissements dans le métavers renforcent une perception de confusion parmi le public. Le 18 octobre 2021, Meta (maison-mère de Facebook, WhatsApp et Instagram) annonçait la création de 10 000 emplois en Europe pour investir dans de nouveaux talents et construire le métavers. Un an plus tard, Mark Zuckerberg

---

[1] Technologie sécurisée et décentralisée permettant d'enregistrer et de partager des données ou des transactions de manière transparente et immuable, sans intermédiaire.

annonce la suppression de 11 000 postes, déclenchant une vague de licenciements et admettant que l'entreprise traverse l'une des périodes les plus difficiles de son histoire. De quoi démoraliser même les plus optimistes.

L'enthousiasme renaît brièvement lorsque Apple dévoile de nouvelles lunettes de réalité augmentée aux performances plutôt exceptionnelles. Meta poursuit son développement de dispositifs immersifs avec des casques toujours plus abordables et dévoile Orion, un prototype innovant de lunettes de réalité augmentée. Légères, avec un poids inférieur à 100 grammes, ces lunettes offrent un champ de vision d'environ 70 degrés, positionnant Orion parmi les dispositifs AR les plus avancés. Elles intègrent des technologies de pointe, comme le suivi des yeux et des mains, ainsi qu'une interface neuronale via un bracelet électromyographique (EMG). Ce système permet un contrôle intuitif et naturel, où le corps devient la seule interface nécessaire, repoussant les limites de l'interaction entre l'utilisateur et la technologie. Pourtant, en janvier 2025, Meta a abandonné sa solution de création d'expériences en réalité augmentée Meta Spark, au même moment où Microsoft cesse de produire ses HoloLens 2[1].

Google a récemment annoncé le développement d'Android XR, un système d'exploitation spécialement conçu pour la réalité étendue. Ce projet ambitieux, fruit d'une

---

[1] Les HoloLens 2, lancés par Microsoft en 2019, sont des casques de réalité mixte conçus pour des usages professionnels, combinant hologrammes et environnement réel, mais leur production a été récemment arrêtée.

collaboration avec Samsung et Qualcomm, devrait équiper dès 2025 le casque de réalité mixte de Samsung, connu sous le nom de code *Project Moohan*.

Android XR promet de transformer des applications emblématiques comme Google Maps, Photos, YouTube et Chrome en expériences immersives. En intégrant l'intelligence artificielle Gemini, il vise à offrir des interactions plus fluides et intuitives, adaptées au contexte. Parallèlement, Google travaille sur une nouvelle génération de lunettes intelligentes, dotées de capacités innovantes telles que la traduction instantanée. Ces initiatives témoignent de la volonté de Google et Samsung de se positionner face à des géants comme Apple et Meta, dans une course pour conquérir le marché encore émergent de la réalité étendue.

Je prends un dernier exemple, qui ajoute à la confusion : Decentraland, un acteur majeur du métavers, a annoncé avoir accueilli plus de 100 000 visiteurs lors de la Metaverse Fashion Week de 2022. Pourtant, à la fin de cette même année, une étude controversée indiquait que la plateforme ne comptait que 38 utilisateurs actifs sur une période de 24 heures, malgré une valorisation estimée à 1,3 milliard de dollars[1]. On assiste à une série de signaux divergents : un enthousiasme pour certains aspects, et des reculs pour d'autres. C'est un panorama fragmenté, parfois déroutant, où les promesses et les retours en arrière se succèdent.

---

[1] Pour en savoir plus à ce sujet, le lecteur peut consulter le lien : https://cryptoast.fr/non-decentraland-pas-que-38-utilisateurs/

Des entreprises se concentrent sur des cas d'usage qui ajoutent une valeur réelle, comme les formations en ligne interactives et les simulations d'entraînement, où le métavers s'intègre de manière plus naturelle et utile dans les environnements professionnels. Par exemple, les mondes virtuels offrent une opportunité unique de s'entraîner à la prise de parole en public[1]. Ils permettent de simuler des situations réalistes avec des audiences de différentes tailles, des bruits de fond et des réactions variées de la part du public. De plus, l'intelligence artificielle peut analyser la performance de l'orateur, fournir des retours détaillés sur des aspects comme le ton, le rythme ou la clarté du discours, et même poser des défis en temps réel pour corriger les erreurs ou renforcer les points faibles. Cette approche constitue un outil puissant pour améliorer les compétences en communication. Le succès de cette technologie repose aujourd'hui davantage sur des usages ciblés et pratiques que sur des initiatives spectaculaires sans applications concrètes.

La période de doute que nous traversons a un effet bénéfique, elle permet aux acteurs du métavers de s'interroger sur des aspects éthiques et sociétaux plus larges. Le suivi des mouvements des utilisateurs dans les espaces virtuels, via les casques, smartphones et lunettes, suscite des inquiétudes en matière de vie privée et de sécurité. La surveillance dans ces environnements peut être intense, avec des risques d'abus de données, ce qui alimente les critiques concernant l'impact potentiel du métavers. Ces défis,

---

[1] Voir par exemple les outils de Virtual Speech https://virtualspeech.com

associés aux attentes déçues, amènent les entreprises à redéfinir leurs objectifs et à repenser la manière dont elles pourraient répondre aux préoccupations croissantes du public.

Ainsi, plutôt qu'une fin, cette période de transformation pourrait bien être l'occasion de se recentrer. Les expérimentations menées aujourd'hui, même si elles semblent fragmentées, permettent de tirer des leçons. Les acteurs du secteur réévaluent leurs stratégies et se concentrent davantage sur des cas d'usage pertinents, des questions de sécurité, et des solutions aux problématiques éthiques. En se détachant d'une vision purement technologique et en privilégiant l'expérience utilisateur, le métavers pourrait s'imposer de manière plus durable et significative.

Mes propos rejoignent finalement la courbe de médiatisation proposée par le cabinet de conseil Gartner, qui décrit l'évolution de nombreuses technologies. Après une phase d'engouement où les attentes atteignent des sommets souvent démesurés, suit une période de désillusion marquée, alors que la réalité de la technologie se confronte aux promesses initiales. Ce n'est qu'après cette phase que celle-ci commence à se stabiliser, devenant progressivement opérationnelle et convaincante, jusqu'à atteindre un plateau de productivité. Si l'on observe la courbe d'intérêt pour le terme « métavers » sur Google, on constate que nous sommes précisément dans le creux des désillusions de ce cycle. C'est cette période qui m'a inspiré l'idée d'enterrer le métavers…

Nous aurions donc exprimé des attentes immenses, peut-être même démesurées. Diriez-vous qu'elles ont conduit à des déceptions, ou est-ce simplement une question de malentendu ?

Le métavers n'a pas tant déçu qu'il n'a été mal compris. La plupart des critiques découlent de l'association du métavers avec des concepts mal définis ou avec des initiatives perçues comme spéculatives et déconnectées de la réalité. Les ventes d'objets virtuels à des prix exorbitants ont renforcé l'idée d'un univers axé sur des transactions opaques, éclipsant parfois des expériences significatives.

Un exemple frappant est celui du sac virtuel Dionysus de Gucci, vendu sur la plateforme Roblox. Bien que proposé à l'origine pour quelques dollars, il a rapidement été revendu à plus de 4 000 dollars, surpassant la valeur de son équivalent physique. Ce type de vente alimente l'impression d'un monde où la valeur est déconnectée des usages concrets, et réservé à une élite capable de spéculer sur des biens numériques. En conséquence, beaucoup perçoivent le métavers comme un univers peu attrayant, et même suspect, plus adapté à la spéculation qu'à des expériences enrichissantes pour le quotidien.

Les critiques envers les décisions de Meta ont aussi amplifié ce sentiment. Le pari de Mark Zuckerberg sur le métavers, notamment avec le rachat d'Oculus et le rebranding de Facebook, a été perçu comme une tentative parfois peu convaincante de dominer cet univers numérique. Parallèlement, des géants comme Apple ont préféré une approche différente, en s'éloignant du terme initial pour se positionner sur le concept d'informatique spatiale. Cela renforce l'idée que le métavers n'a jamais été perçu comme une technologie unifiée mais plutôt comme un concept vague et polysémique, qui manque de direction et de définition claires.

Enfin, l'idée selon laquelle le métavers pourrait être supplanté par l'intelligence artificielle est une autre manifestation de cette incompréhension. Cette perception est alimentée par la simultanéité de l'augmentation des investissements massifs dans l'intelligence artificielle et la baisse, voire le retrait, de certains investissements dans le métavers. Pourtant, loin d'être des concurrents, l'intelligence artificielle et le métavers sont complémentaires. Les avancées de l'intelligence artificielle, notamment dans les domaines de la reconnaissance vocale, de la création de contenu et des interactions immersives, pourront enrichir l'expérience.

À titre d'exemple, la solution Genie développée par Luma.ai[1] permet de générer des objets 3D à partir de simples instructions textuelles, ouvrant des possibilités de personnalisation des espaces virtuels pour des créateurs qui ne possèdent pas de compétences techniques en modélisation. Cet outil est particulièrement intéressant pour les artistes, designers ou entrepreneurs qui souhaitent explorer le potentiel de la 3D sans se former aux logiciels

---

[1] Pour essayer l'outil, se rendre sur https://lumalabs.ai/genie. Vous pouvez également tester Meshy.

complexes habituellement nécessaires. Bien que Genie ne soit pas encore suffisamment mature pour une utilisation professionnelle en première intention, il incarne le potentiel de l'intelligence artificielle dans ce domaine, et laisse entrevoir des perspectives prometteuses d'automatisation et d'accessibilité dans la création.

L'intelligence artificielle va logiquement contribuer à l'optimisation des environnements virtuels, rendant les interactions plus fluides, intuitives et engageantes, tout en offrant des possibilités inédites de personnalisation et d'adaptation en temps réel. Cette synergie souligne que le métavers pourrait bénéficier grandement des progrès de l'intelligence artificielle générative[1].

Vous avez mentionné de nombreux malentendus autour de cette technologie. Selon vous, quels sont ceux qui freinent le plus son adoption ou qui déforment son potentiel ?

Lorsque j'aborde ce sujet lors de mes interventions, je perçois souvent une certaine réserve, voire une méfiance, de la part du public, comme si le simple fait d'en parler faisait de moi un ardent défenseur de cette technologie. Pourtant, mon intention est bien différente : je m'efforce d'adopter une posture d'observateur, en tentant de comprendre avec

---

[1] L'intelligence artificielle générative (IAG) désigne une technologie capable de créer du contenu comme du texte, des images, des vidéos, des objets 3d et même des scènes 3D en s'appuyant sur des modèles entraînés à partir de vastes ensembles de données. Elle est utilisée dans des domaines tels que la création artistique, l'assistance à l'écriture ou la conception de médias interactifs.

lucidité et sans parti pris les dynamiques d'évolution et les implications de ces nouveaux outils. J'ai exploré par le passé les dangers du Web 2.0[1] (époque marquée par une facilité accrue du partage de contenu et de l'interactivité des utilisateurs), que j'ai décrit comme une prison numérique[2] en raison des dépendances qu'il a créées et des vulnérabilités qu'il a exposées. Avec le métavers, je souhaite adopter une approche similaire, non pour en faire l'éloge, mais pour décortiquer ses promesses et ses pièges, et contribuer à la construction d'un espace éthique et responsable.

L'un des principaux malentendus réside dans la tendance à attribuer une intention propre à la technologie notamment celle de nous déconnecter du monde. Le métavers n'est pas perçu comme un outil neutre, mais comme une force qui cherche à modifier notre quotidien. Une technologie, au fond, n'a ni but ni volonté ; elle est un cadre, une proposition.

Les espaces virtuels n'ont pas vocation à remplacer les expériences réelles. Ils constituent un prolongement qui permet à chacun d'explorer de nouveaux modes d'interaction. Prenons l'exemple des smartphones : leur adoption s'est opérée en réponse à des besoins concrets

---

[1] Le Web 2.0 est caractérisé par l'interactivité, les réseaux sociaux et les plateformes centralisées comme Facebook. Contrairement au Web 1.0, où les utilisateurs étaient principalement spectateurs, le Web 2.0 a permis une participation active, avec des contenus générés par les utilisateurs.
[2] Charles Perez et Karina Sokolova, Prison numérique : mise en lumière de quelques nuances sombres de notre société numérique, Paris, L'Harmattan, Collection « Questions contemporaines », 2020.

(communication instantanée, accès à l'information, gestion des tâches personnelles), et non sous contrainte. De la même façon, si le métavers parvient à offrir des usages séduisants, il s'intégrera dans notre quotidien ; sinon, il restera en marge, une option parmi d'autres.

Lorsque Meta a adopté le terme « métavers » pour renommer l'entreprise, elle a renforcé la confusion autour de ce concept. Subitement, Meta est apparue comme le cœur d'un écosystème complexe, ce qui a laissé croire que le métavers était un espace centralisé, détenu par un géant de la technologie. Ce sentiment de centralisation a rappelé les controverses liées au Web 2.0, où la gestion des données personnelles a suscité des craintes légitimes. En réalité, le métavers est un écosystème ouvert, porté par de multiples acteurs, chacun explorant des applications diverses – de l'éducation aux divertissements immersifs en passant par la santé ou l'industrie.

Un autre malentendu oppose le métavers à la réalité physique, comme si les deux univers s'excluaient mutuellement. Les critiques soutiennent que le métavers encouragerait un isolement social, comparable à celui qu'ont engendré les réseaux sociaux avec leurs chambres d'écho, limitant les interactions à des bulles d'opinion. Cette réflexion est renforcée, je le pense, par l'image de l'humain portant un casque sur la tête, dont le visage disparaît derrière la technologie. Le métavers est souvent perçu comme un espace d'évasion, une manière de fuir la réalité. La peur de s'y perdre, d'y être enfermé est un malentendu persistant.

Pourtant, il s'agit de créer un environnement où les interactions se font plus naturelles, où les échanges sont plus vivants, presque comme si nous partagions un même espace physique. L'idée est de proposer un mode d'interaction plus crédible que nos appareils actuels. Bien conçu, le métavers pourrait au contraire enrichir les échanges en créant des espaces d'interaction plus immersifs et moins dépendants des écrans traditionnels. Le Pew Research Center, estime à juste titre que le métavers pourrait servir d'échappatoire, mais que le réel demeurera toujours le cadre fondamental où s'épanouissent nos expériences humaines.

D'autres idées reçues sont liées aux technologies associées au métavers, telles que la réalité virtuelle, les cryptomonnaies et les NFT. Beaucoup pensent qu'entrer dans le métavers nécessite impérativement un casque de réalité virtuelle ou l'utilisation de la chaîne de blocs. Pourtant, cette technologie s'adapte aux usages et évolue au fur et à mesure que de nouveaux cas pratiques se développent. Bien que les actifs de la chaîne de blocs puissent contribuer, ils ne sont ni exclusifs ni nécessaires au métavers dans son ensemble. Des espaces virtuels comme Roblox ou même Zepeto[1] qui comptent plus de 300 millions d'utilisateurs n'intègrent ni réalité virtuelle, ni chaîne de blocs.

De même, il est tout à fait possible de rejoindre un espace virtuel immersif à l'aide d'un simple navigateur Web, sans

---

[1] Zepeto est un métavers social où les utilisateurs créent des avatars personnalisés, explorent des mondes virtuels, participent à des interactions sociales, et personnalisent leur apparence avec des vêtements et accessoires numériques.

casque de réalité virtuelle. Cette accessibilité accrue permet de démocratiser l'expérience, en la rendant disponible à un plus large public.

Comment avez-vous personnellement vécu les premiers engouements et les réactions négatives des premiers adoptants ?

L'un des engouements les plus frappants autour du métavers est sans doute l'émotion palpable qui s'empare de ceux qui ont, pour la première fois, l'occasion de plonger dans un univers en réalité virtuelle. Il suffit de voir la réaction d'une personne qui, casque en place, pénètre pour la première fois dans cet espace. Tout à coup, elle se retrouve ailleurs, entourée d'un monde aussi étrange que familier, avec une sensation immersive surprenante. Ce phénomène est parfaitement résumé par Tim Cook[1] lorsqu'il affirme qu'après avoir goûté à la réalité virtuelle, il devient difficile de s'en passer.

Cette sensation est à la fois grisante et magique ; elle fait entrer la science-fiction dans la réalité, et notre cerveau, convaincu d'être ailleurs, nous fait ressentir un véritable vertige. Je crois que cet effet, cette immersion profonde, est ce qui a séduit tant d'acteurs et de visionnaires. En expérimentant ces technologies, on ressent une sorte de conviction intérieure, presque mystique, de tenir là une révolution, un pouvoir quasi surnaturel, celui de transporter l'esprit et de lui faire croire en ce nouvel espace. C'est cet

---

[1] Tim Cook est le PDG d'Apple depuis 2011, succédant à Steve Jobs.

engouement, cette promesse d'un monde à redéfinir, qui explique en grande partie l'attrait puissant qu'exerce le métavers. Mais soyons vigilants, car j'ai également constaté que si la première expérience n'est pas correctement encadrée et se déroule mal, il devient ensuite particulièrement difficile de rattraper ce faux départ.

Nous assistons également à une vague de réactions négatives tout aussi compréhensibles. Elles prennent des formes diverses, souvent dictées par des peurs instinctives, par l'incompréhension ou par un rejet de la nouveauté. La réalité virtuelle suscite des craintes d'inconfort physique, comme les maux de tête, ou même une simple réticence à se retrouver « coupé » du monde extérieur. Bien plus profondément, cependant, se cache une inquiétude plus fondamentale : celle de la place de l'homme face à ces nouvelles technologies, et cette vieille crainte, latente, d'être un jour supplanté.

Si l'on envisage l'utilisation du métavers dans un cadre éducatif, certains professeurs s'interrogent sur la manière de captiver autant que la possibilité de faire vivre la connaissance. Comment une simple présentation de l'Égypte antique pourrait-elle rivaliser avec une reconstitution immersive, où les apprenants pourraient échanger avec les anciens et voir s'ériger devant eux le monde d'autrefois ? Ces questionnements sont légitimes et, à mes yeux, tout à fait sains. Ils nous rappellent que toute révolution technologique soulève des questions sur notre capacité à nous adapter, à trouver notre place. Certes, il est souvent dit que la technologie crée plus d'emplois qu'elle n'en détruit. Mais entre les chiffres et la réalité, il y a des personnes, des vies. Les hommes trouvent parfois difficilement leur place dans ce nouvel ordre technologique.

C'est pour cela que nous devons nous réjouir d'une adoption plus lente. Elle permet de construire et de questionner les étapes de la construction. La vitesse avec laquelle l'intelligence artificielle a été adoptée est bien plus inquiétante : elle nous apporte des solutions si rapidement qu'on en oublie les risques, les conséquences, l'impact. Face à cette adoption massive et accélérée de l'intelligence artificielle générative, j'ai parfois l'impression que notre inquiétude concernant le métavers est disproportionnée, et que nous sous-estimons les véritables enjeux.

Le métavers, avec ses promesses et ses incertitudes, fait naître des questions profondes, mais l'IA, en s'immisçant dans nos vies de manière presque invisible, peut avoir un impact tout aussi – sinon plus – troublant[1]. La France et l'Europe ont d'ailleurs poursuivi un travail de régulations pour encadrer les nouvelles technologies et les nouveaux usages. Le métavers suivra sans doute le même chemin.

Une étude récente a montré que, contrairement à d'autres technologies, les réticences vis-à-vis du métavers ne viennent pas d'un manque de maturité perçu, mais de l'effet inverse. Les non-utilisateurs craignent que cette technologie

---

[1] Ce sujet a été investigué par l'auteur en 2021 dans le court ouvrage « L'Éden avant la chute : Le déni d'une intelligence artificielle générale ».

soit déjà trop puissante, qu'elle nous entraîne dans un univers duquel il serait difficile de ressortir. Il y a là un héritage de notre imaginaire collectif, nourri par la science-fiction qui laisse une sorte d'empreinte cognitive : nous associons le métavers à une idée de contrôle, voire d'aliénation. Derrière ces réactions se trouvent de vraies préoccupations, des inquiétudes qu'il faut écouter, analyser et anticiper.

Enfin, le public, qui a vu et vécu les dérives du Web 2.0, connaît les dangers liés à une mauvaise utilisation de la technologie et se montre naturellement prudent. Cette prudence et cet esprit critique sont indispensables pour que le métavers se développe dans un cadre éthique et responsable. C'est une leçon qu'il convient de retenir. Ce scepticisme représente une opportunité, car il permettra de bâtir un métavers répondant aux aspirations humaines, tout en intégrant les craintes et inquiétudes.

Pensez-vous que la perception publique des espaces virtuels pourrait évoluer à l'avenir ?

La perception que le public a d'une technologie, d'un produit, ou d'une idée évolue avec le temps, au gré des changements et des améliorations. Le métavers, comme toute technologie en expansion, est en mutation, et avec lui, la manière dont il est perçu. Les médias jouent un rôle central dans cette évolution, en mettant en lumière certains aspects, en passant sous silence d'autres, en accentuant parfois les risques ou les espoirs.

Cette perception pourra évoluer, et cela se fera, à mon avis, principalement autour de cas d'usage précis, concrets, qui toucheront les gens là où cela compte. Car le métavers, s'il parvient à trouver des usages adaptés aux passions et aux besoins de chacun, pourra susciter un engouement qui dépasse les simples tendances. Il y a des points d'ancrage puissants à aller chercher : l'industrie, le divertissement, la culture, l'éducation, des domaines qui parlent à chacun de manière unique. C'est ainsi que se construit l'adhésion, non pas en imposant une technologie, mais en l'inscrivant dans le quotidien de manière intelligente, presque naturelle.

Laissez-moi vous partager une anecdote, celle d'un joueur de tennis de table virtuel que j'ai rencontré sur l'expérience Eleven Table Tennis[1]. Un passionné, comme moi, qui, avant chaque match, aimait échanger avec ses adversaires, partager ses expériences. Un jour, il m'a confié qu'il avait offert un casque de réalité virtuelle à son cousin, avec qui il jouait lorsqu'ils étaient enfants. Son cousin, pourtant réfractaire à la technologie, y est entré par curiosité, et là, la magie a opéré. Ensemble, ils ont retrouvé le plaisir de ces parties d'antan, de ces moments où le jeu efface les années, où le virtuel rejoint la réalité par la force des souvenirs partagés. Cette expérience lui a montré que, malgré les réticences initiales, la technologie pouvait lui offrir quelque chose de précieux, une connexion unique, un lien retrouvé.

---

[1] Eleven Table Tennis est un jeu en réalité virtuelle simulant le tennis de table avec une physique réaliste. Développé par For Fun Labs, il est disponible sur Meta Quest, Steam VR, et PICOXR.

Cela me semble illustrer parfaitement l'idée que l'adoption d'une technologie n'est jamais qu'une affaire d'usages, de besoins qui trouvent leur réponse, de passions qui se ravivent. Le métavers n'aura pas besoin de convaincre tout le monde d'un coup ; il suffit de toucher un individu par un usage qui fait sens pour que sa perception change. Et bien sûr, l'avenir de cette technologie ne se limitera pas à quelques cas d'usage. Il s'agit de réfléchir, en tant que société, à ce que nous voulons voir émerger de ce grand projet, au-delà des initiatives particulières, vers un ensemble cohérent, qui serve réellement l'humain.

Nous pouvons alors imaginer, dans cette perspective plus vaste, des discussions qui se poursuivent, des réflexions qui évoluent. Car même celui qui se montre sceptique aujourd'hui pourrait, à la faveur d'un usage qui résonne en lui, devenir un adepte passionné. Et inversement, un enthousiasme initial peut se heurter à des doutes au fil du temps. C'est dans cet espace de débat, d'échanges, que le métavers trouvera sa place véritable. La perception publique est une matière vivante, mouvante, façonnée par des expériences personnelles autant que par des réflexions collectives.

À travers ce livre, cherchez-vous avant tout à éclairer, à remettre en question, ou à proposer une nouvelle manière de penser le métavers ?

Mon ambition est de contribuer à un débat lucide et constructif, de porter un regard attentif et réfléchi, loin des passions et des emballements. Trop souvent, les discours sur cette technologie sont soit marqués par un enthousiasme démesuré, soit alourdis par une méfiance instinctive. Mon souhait est de détacher notre réflexion de ces élans émotionnels pour examiner le métavers tel qu'il est aujourd'hui. Quelles promesses a-t-il tenues ? Quels espoirs continue-t-il de susciter ? Et, inversement, quels dangers fait-il naître ? Il ne s'agit pas de verser dans l'idéalisation ni de diaboliser, mais de mieux comprendre cette technologie, de voir où elle nous a menés jusqu'à présent et d'imaginer, avec la même rigueur, les possibles qu'elle ouvre devant nous.

J'aspire à dresser un état des lieux, à partager une analyse de ses possibilités, de ses limites, et à inviter les lecteurs à réfléchir aux moyens de construire un avenir où le métavers, loin d'être une fin en soi, deviendrait un outil au service de nos besoins. Pour cela, il faut une vision globale, capable d'embrasser à la fois les promesses et les ombres, les potentiels et les risques. Je souhaite élargir le spectre de notre compréhension, pour que chacun puisse appréhender le métavers dans sa complexité, et choisir, en pleine conscience, les usages et les valeurs qu'il souhaite y associer.

Le métavers, je le répète souvent, est une convergence technologique. Mais il est bien plus que cela : il est un carrefour d'idées, un lieu où se rencontrent des perspectives multiples. Pour avancer, il ne suffit pas d'adopter une unique vision. Il faut permettre à chacun d'explorer ce concept, de s'y retrouver, de s'approprier la technologie avec ses valeurs, ses attentes. Ce que je propose, ce n'est pas de substituer une nouvelle vision du métavers à celle qui existe déjà, mais d'ouvrir un espace de dialogue. C'est en confrontant nos points de vue, en échangeant nos idées, que nous pourrons véritablement définir ce qu'il doit être et ce que nous voulons en faire.

En fin de compte, mon objectif principal est simple : que chacun puisse choisir la vision du métavers qui lui correspond, non pas seulement d'un point de vue technique ou utilitaire, mais aussi d'un point de vue éthique et philosophique. Car le métavers ne deviendra ce qu'il doit être qu'à la mesure des aspirations, des rêves et des exigences de ceux qui le façonnent.

Le message que je souhaite transmettre dès le début de ce livre est simple : que chacun puisse se forger une opinion, libre des préjugés et des biais qui, trop souvent, nous empêchent de voir une technologie pour ce qu'elle est réellement. Ce n'est qu'un outil, et la valeur d'un outil réside dans l'usage qu'on en fait, dans les mains qui le manient, dans les intentions qui l'animent. C'est entre nos mains, celles de l'humanité, que les technologies deviennent des forces capables de transformer le monde.

Mais au-delà de cela, c'est aussi à nous de nous éduquer, de développer nos pratiques et d'apprendre à naviguer dans cet espace avec responsabilité et discernement. Il incombe de surveiller, de protéger, de sécuriser, pour que ce nouvel univers réponde aux exigences de notre société, non seulement en matière de sécurité et de légalité, mais aussi dans le respect de nos valeurs morales et de notre éthique.

Ce livre n'a pas pour ambition de vous dire ce que le métavers doit être, ni de vous convaincre d'y adhérer ou de le rejeter. Mon but est plutôt de vous inviter à une réflexion, de vous encourager à questionner, à explorer, et à comprendre. Il faut, je pense, réviser notre jugement et ne pas enterrer à proprement parler le métavers, mais plutôt la vision hâtive que nous en avons eue. Car c'est en posant les bonnes questions que l'on parvient à des réponses qui enrichissent, des réponses qui nous permettent d'avancer avec clairvoyance et humanité. Le métavers est un chantier ouvert, un espace encore en devenir, et il nous appartient de décider, ensemble, des chemins que nous souhaitons y tracer.

Cet ouvrage souhaite explorer le métavers sous de multiples angles. Comment avez-vous structuré cette réflexion, et que trouveront vos lecteurs en parcourant ses pages ?

L'ouvrage commence par mes premiers pas dans le métavers, et les raisons profondes qui m'ont poussé à m'y intéresser. Nous plongerons dans mon parcours, dans ces expériences fondatrices, pour éclairer ce qui m'a captivé et m'a conduit à en faire l'objet de mes recherches.

Ensuite, nous aborderons l'un des moments les plus marquants de cette aventure : l'annonce de Mark Zuckerberg, rebaptisant Facebook en Meta, un véritable Big Bang dans l'univers technologique. Nous analyserons ce que cette annonce a suscité, tant dans l'écosystème lui-même que dans l'opinion publique, et les conséquences de ce tournant. Nous verrons ensuite les liens profonds qui unissent le métavers et la science-fiction, ce monde d'inspiration où se dessinent, souvent bien avant l'heure, les promesses de mondes nouveaux, certaines tenues, d'autres encore à réaliser. Car le métavers, en tant que concept, s'inscrit dans une longue lignée d'imaginaires partagés qui nous ont été légués par les écrivains et les visionnaires.

Nous parlerons également de l'identité dans cet espace virtuel en pleine éclosion, où nos avatars se façonnent et se métamorphosent, jouant le rôle d'une seconde peau numérique. Comment, au cœur de ces mondes, redéfinir qui nous sommes ? Comment interpréter et réinterpréter notre essence à travers des figures créées pour ce nouvel univers virtuel ?

Nous aborderons bien sûr les défis technologiques qui se posent encore sur notre chemin, ainsi que les enjeux environnementaux qui, bien qu'essentiels, restent en retrait dans le débat actuel. À l'heure où le monde s'interroge sur l'empreinte de chaque technologie, il faut réfléchir aux impacts que peut avoir cette infrastructure numérique en plein essor. Les questions de sécurité, également, seront au cœur de notre discussion. Nous verrons comment la chaîne de blocs, par exemple, peut offrir des solutions pour sécuriser cet espace virtuel, et comment il est possible d'intégrer des systèmes de protection à l'échelle. Car un métavers sans sécurité ne peut devenir un espace de confiance.

Et puis, comment aborder les espaces virtuels sans évoquer les défis culturels et les questions d'inclusion ? Nous explorerons les façons de préserver et d'intégrer les diversités culturelles dans cet univers, d'accueillir des traditions, des pratiques, des visions du monde, de faire de cet espace un lieu de rencontre et de partage, plutôt qu'un espace d'uniformisation. En parallèle, nous discuterons de la possibilité de co-construire un métavers participatif, peut-être décentralisé[1], où le pouvoir serait réparti entre les utilisateurs eux-mêmes, évitant la création de nouveaux monopoles numériques.

Enfin, nous conclurons notre exploration par une réflexion sur les perspectives du métavers. Quelles formes pourrait-il prendre ? Quels chemins pourrions-nous emprunter ? Car le métavers n'est pas un aboutissement, mais un point de départ, une invitation à imaginer, ensemble, un avenir où la technologie, loin de nous diviser, enrichirait notre expérience commune du monde. Je présenterai à cette occasion ma vision de ce qui pourrait devenir le nouveau Web.

---

[1] Organisation du pouvoir, de la propriété et/ou de la gouvernance qui ne repose pas sur une autorité centrale mais sur une répartition des responsabilités, des droits et des moyens de contrôle entre une pluralité d'acteurs.

Chapitre 1
L'Éveil

« Au seuil d'un monde naissant, que chaque pas te guide vers la sagesse ou vers la ruine. »

Qu'est-ce qui vous a initialement attiré vers les technologies immersives et le métavers ?

Mon intérêt pour le métavers trouve ses racines dans mon enfance, bercée par les récits de science-fiction. Ce genre, à la fois littéraire et cinématographique, a toujours exercé sur moi une fascination. Jeune, je me laissais emporter par ces visions de futurs où la technologie transcendait les limitations humaines, où l'imaginaire et le virtuel semblaient pouvoir s'inviter dans notre réalité. Je me souviens de ces mondes où les frontières s'effacent, où les univers numériques acquièrent une texture, une consistance presque palpable, devenant aussi tangibles que notre quotidien. Pouvoir vivre dans une sorte de monde imaginaire me semblait magique.

Un film, en particulier, a marqué mon esprit : *Tron*, réalisé par Steven Lisberger et produit par Disney en 1982. Dans ce film, Kevin Flynn, programmeur talentueux, est littéralement aspiré dans un ordinateur. À l'intérieur de l'univers informatique, il découvre un monde de néons et de circuits imprimés, peuplé de programmes personnifiés, animés d'une vie propre. Flynn participe à des jeux mortels, côtoie des avatars colorés, et tente de déjouer une intelligence artificielle corrompue qui règne sans partage. *Tron*, avec ses visuels audacieux pour l'époque et son concept visionnaire, m'a ouvert une fenêtre vers un univers où l'homme et la machine coexistent, se confrontent et se transforment mutuellement.

Pour moi, *Tron* incarnait déjà, dans sa forme la plus pure, ce que nous nommons aujourd'hui le métavers. C'était une plongée fascinante dans un univers numérique, une expérience où l'immersion et l'interaction transcendent l'écran, abolissant les frontières entre l'individu et l'espace virtuel. Ce film a éveillé en moi un désir de comprendre comment des espaces ainsi façonnés pouvaient devenir des prolongements de notre monde, des lieux de vie, de création, et de rencontre. L'idée que nous puissions, grâce aux technologies, explorer des univers parallèles, en quelque sorte, m'est restée, et a nourri cette passion qui, des années plus tard, a trouvé un champ d'exploration.

Y a-t-il une anecdote que vous aimeriez partager sur vos débuts avec la réalité virtuelle ?

En 2005, alors que j'étudiais à l'École Supérieure d'Informatique Électronique et Automatique à Laval, une ville qui s'est depuis taillé une réputation internationale en réalité virtuelle pour son festival Laval Virtual[1], j'ai eu l'occasion de m'immerger pour la première fois dans le monde de la réalité virtuelle. C'était une époque où la technologie, encore balbutiante, n'offrait pas le raffinement et la fluidité que nous connaissons aujourd'hui. Les équipements étaient lourds, coûteux, encombrants. Les graphismes, quant à eux, semblaient tout droit sortis de jeux

---

[1] Laval Virtual est le plus grand événement européen consacré aux technologies de la XR, qui regroupe l'ensemble des réalités étendues (Extended Reality), à savoir la réalité virtuelle (VR), la réalité augmentée (AR), et la réalité mixte (MR).

vidéo rudimentaires. Et pourtant, dans cette simplicité, j'ai entrevu une promesse d'avenir.

Un de mes camarades de promotion s'était engagé dans une aventure singulière, à la frontière entre réel et virtuel. Il ambitionnait de créer une immersion sans recourir à un casque de réalité virtuelle, ce qui, à l'époque, n'était ni une solution techniquement viable ni aisément démocratisable. Le coût d'un casque dépassait alors les dix mille euros.

Son projet, aussi simple en apparence que raffiné dans sa conception, reposait sur un principe d'une élégante originalité : l'expérimentateur se voyait métamorphosé en abeille. Pour entrer dans ce rôle, il devait tenir en main deux ailes équipées d'accéléromètres. À chaque mouvement de bras, les ailes s'animaient sur l'écran, imitant le battement frénétique des véritables ouvrières de la nature, et projetaient l'utilisateur dans la peau d'une abeille en quête de fleurs à polliniser.

Imaginez la scène : d'un geste des bras, l'on prenait son envol, l'on glissait de fleur en fleur, tout en contrôlant avec précision le vol léger et vif de cet humble insecte. Certes, l'interface virtuelle n'était qu'un simple décor, un jardin numérique sans prétention, mais il recelait un sens. Ce projet avait une mission noble : éveiller les consciences, rappeler à chaque participant l'importance de protéger ces créatures, garantes de l'équilibre de notre monde. Sensibiliser par l'incarnation.

À cette époque, observer la création d'environnements virtuels, était comme toucher du doigt un monde en devenir. Les défis techniques étaient innombrables : logiciels de modélisation 3D moins aboutis, puissance de traitement limitée, rendus graphiques modestes... Mais ces limitations ne parvenaient pas à étouffer l'émerveillement. C'était un peu comme scruter l'horizon à travers un brouillard dense et y apercevoir, par éclats, la silhouette d'un monde nouveau.

Ces expériences ont été pour moi une révélation. J'ai compris, même avec ces moyens limités, que le métavers, sous sa forme naissante, ouvrait une fenêtre unique sur des possibilités nouvelles. Dans ces mondes que nous créions, les utilisateurs pouvaient, l'espace d'un instant, se détacher de leur existence physique pour pénétrer un espace nouveau, conçu pour défier leur perception de la réalité. Je réalisais alors que la réalité virtuelle, associée à la réalité augmentée, détenait en elle le pouvoir de transformer notre rapport au monde, de nous offrir des expériences si immersives qu'elles pouvaient changer nos perspectives, notre manière d'apprendre, de travailler, de nous divertir.

Que vous ont appris vos premières explorations de la réalité augmentée et virtuelle ?

Ce que j'ai rapidement compris, c'est qu'une technologie, même à ses balbutiements, peut s'imposer si elle répond à des besoins concrets. En revenant vingt ans en arrière, on trouve une réalité virtuelle encore primitive, loin de l'élégance et de la fluidité d'aujourd'hui. Pourtant, cette technologie, malgré ses lacunes, s'était déjà taillé une place dans des niches spécifiques.

Un exemple emblématique est celui de l'industrie automobile. À cette époque, certains constructeurs utilisaient la réalité virtuelle pour visualiser l'ergonomie intérieure de leurs véhicules avant même de construire un prototype physique. Le client s'asseyait simplement sur un siège, et, en enfilant un casque, se retrouvait soudainement dans l'habitacle du véhicule, avec une vue immersive sur l'aménagement intérieur. Il pouvait évaluer le design, l'ergonomie, identifier les erreurs ou les ajustements nécessaires. Ce cas d'usage, rudimentaire comparé aux standards actuels, offrait une réponse précise à un besoin, sans que la technologie soit encore mature.

Aujourd'hui, le métavers industriel a bien évolué. Une extension de ce cas d'usage consiste à identifier les angles morts pour un conducteur. Cela peut être réalisé grâce à la modélisation 3D associée à la réalité virtuelle, qui recrée des conditions réalistes permettant d'analyser ces zones critiques. L'impact du design du véhicule peut être testé et optimisé pour répondre à cette problématique de sécurité essentielle. C'est certainement la preuve que cette technologie ne s'ancre pas uniquement dans le divertissement.

J'ai également pu observer d'autres applications, notamment dans le domaine thérapeutique. La réalité virtuelle était utilisée pour aider des patients à surmonter des phobies, comme l'arachnophobie ou le vertige. Encadrés par des professionnels, les patients étaient progressivement exposés à leurs peurs dans un environnement contrôlé. Petit à petit, ils parvenaient à apprivoiser ces angoisses, renforçant leur confiance. C'est là que j'ai pris conscience qu'au-delà de sa sophistication technique, c'est l'utilité immédiate d'une technologie qui permet son adoption. Ces expériences m'ont aussi montré que, pour construire un métavers, il ne s'agit pas seulement de perfectionner les outils, mais de simplifier leur accès.

Enfin, il y a, bien évidemment, l'aspect du divertissement. J'ai eu l'opportunité de développer un projet de réalité augmentée qui reprenait le concept de jeux musicaux interactifs comme « Piano Hero ». Ce projet consistait à jouer de la musique sur un piano virtuel, guidé par des sphères qui apparaissaient et tombaient sur les touches au bon moment, indiquant les notes à jouer. La précision du joueur était évaluée par un système de score. Pour cet exercice, j'avais choisi de travailler avec la célèbre composition Oxygène de Jean-Michel Jarre, une œuvre iconique en matière de musique électronique.

Pour l'anecdote, Jean-Michel Jarre[1] est devenu une figure importante du métavers, grâce à ses spectacles novateurs qui intègrent souvent des technologies immersives. Il a par

---

[1] Jean-Michel Jarre a également été nommé président de la commission création immersive du Centre national du cinéma et de l'image animée (CNC). Cette commission a pour mission de soutenir des projets immersifs ambitieux et de promouvoir des créations internationales dans ce domaine.

exemple donné un concert hybride dans la Galerie des Glaces du Château de Versailles pour célébrer les 400 ans du lieu. Cet événement, intitulé Versailles 400, combinait une performance en présentiel et une retransmission immersive, où son avatar évoluait dans une reconstitution futuriste de cet espace emblématique.

Le projet de piano virtuel m'a permis de me confronter aux défis techniques propres à l'époque, notamment en ce qui concerne la précision du suivi spatial. La détection des objets et l'ajout d'éléments virtuels dans un environnement réel représentait une prouesse technique, révélant à quel point ces technologies étaient encore en pleine maturation.

Aujourd'hui, des plateformes comme Lens Studio de Snapchat ou 8th Wall de Niantic permettent de créer des filtres de réalité augmentée sophistiqués – simuler des vêtements, des textures qui réagissent aux mouvements – le tout, sans écrire une seule ligne de code. Tout est devenu plus intuitif, plus accessible.

Comment avez-vous saisi l'importance de l'interactivité et de l'immersion dans les mondes numériques ?

Il y a quelques années, j'ai ressenti le besoin de me rapprocher de ma sœur, qui vit en Irlande avec sa famille. La vie nous emmène parfois sur des chemins différents, et pour elle, avec des enfants et un mari, les occasions de revenir en France se font plus rares. Nous partageons une passion commune pour le théâtre et le cinéma, et c'est cette passion qui m'a conduit à lui suggérer d'investir dans un casque de réalité virtuelle. Ainsi, nous avons pu, malgré la distance, nous retrouver, non plus physiquement, mais dans un espace numérique qui transcende les kilomètres.

C'est là que *BigScreen*[1] entre en scène. Avec cette application, vous plongez dans une salle de cinéma virtuelle ; vous vous retrouvez face à un écran gigantesque, comme si vous étiez véritablement dans une salle obscure. Nous avons pu assister à des séances, échanger, discuter, et nous retrouver, chacun derrière son casque, mais en compagnie l'un de l'autre. Ce qui m'a frappé, c'est cette sensation de présence sociale si tangible dans le métavers. Voir l'avatar de ma sœur, sentir sa présence, l'entendre rire, tout cela conférait une profondeur incroyable à cette expérience, comme si l'écran ne nous séparait plus. L'application offre également une dimension ludique et un brin de fantaisie : il est possible de saisir des popcorns virtuels et de les lancer dans tous les sens, ou encore de jeter des tomates numériques pour réagir aux scènes les moins convaincantes. Tout cela, bien sûr, dans un esprit de jeu et sans aucune conséquence matérielle, ni gaspillage, ni désordre, permettant de s'amuser librement sans enfreindre les règles habituelles de la vie en société.

Ce qui est également fascinant, c'est cette sensation d'incarner son avatar. Les technologies avancées, comme le Meta Quest Pro, permettent de suivre le mouvement des yeux, de capter les expressions du visage, et soudain, l'avatar

---

[1] BigScreen est une plateforme de réalité virtuelle qui permet de partager un écran géant en 3D pour regarder des films, jouer à des jeux, ou collaborer avec d'autres utilisateurs dans un environnement immersif.

prend vie, il est plus qu'une projection : il devient une extension de soi. Dans ces moments-là, la frontière entre le réel et le virtuel s'évanouit, on se surprend à oublier que nous sommes dans un espace numérique. L'immersion devient totale, et l'on comprend que le métavers ne se contente pas d'imiter la réalité, il crée un nouvel espace, un lieu où les relations et les émotions circulent avec une intensité propre.

À travers cette expérience, j'ai compris que l'interactivité n'était pas simplement un ajout, mais l'essence même de ces mondes numériques. Ce sont ces moments de partage et de présence qui font du métavers un espace unique, où le lien humain peut se recréer, transcendant les distances et les différences entre réalité physique et virtuelle.

Cette révolution ne concerne pas uniquement le divertissement. Elle a des répercussions significatives dans le milieu professionnel, notamment sur les métiers. Les professions évoluent et se transforment en profondeur grâce à l'usage croissant de la réalité virtuelle et de la 3D, et le design en est une illustration frappante. Imaginez un monde où chaque objet de notre quotidien, avant de prendre vie, est d'abord pensé et conceptualisé en trois dimensions. Jusqu'à récemment, traduire des objets intrinsèquement tridimensionnels en croquis à plat représentait un défi immense pour les designers, exigeant une maîtrise parfaite de la perspective et une multitude d'ajustements. Le processus impliquait d'innombrables esquisses et prototypes avant d'atteindre un résultat satisfaisant.

Des outils comme Gravity Sketch[1] redéfinissent ce processus. Ils permettent aux designers de maintenir l'intégralité de leur flux de création directement en 3D, éliminant les contraintes liées aux transitions entre dimensions. Mais l'innovation ne s'arrête pas là : ce travail peut également se faire en réalité virtuelle ou augmentée, facilitant une collaboration fluide entre des équipes dispersées géographiquement. La réalité virtuelle offre aux créateurs la possibilité de plonger littéralement dans leur conception, d'observer les objets sous tous les angles et d'y apporter des modifications en temps réel.

De plus en plus de produits du marché sont issus de ces nouvelles méthodes. Prenons, par exemple, les chaussures *Moncler Trailgrip*, ou encore des prototypes innovants de Nike. D'autres marques suivent cette tendance, comme les chaussures *Anta Kai 1*, conçues pour optimiser l'accélération et les mouvements fluides des athlètes, ou encore les *Adidas Adizero RS15*. Ces produits, pensés et réalisés à l'aide d'outils comme Gravity Sketch, incarnent une évolution dans le design, où la créativité s'allie à une technologie immersive pour repousser les limites du possible.

Quelles influences extérieures ont contribué à alimenter votre passion pour le métavers ?

Dès mes premiers pas dans l'univers des technologies immersives, j'ai senti le potentiel de ces outils, non

---

[1] https://gravitysketch.com

seulement pour transformer nos interactions, mais aussi pour façonner des mondes où l'imaginaire peut s'incarner. Cependant, l'élan initial de fascination est vite devenu une quête plus profonde, une envie de comprendre ce qui anime cet écosystème et de saisir les visions qui le font progresser.

Chaque rencontre est comme une pierre ajoutée à cette entreprise. Il y a les conférences auxquelles j'ai eu la chance de participer avec des visionnaires comme Artur Sychov, le fondateur de *Somnium Space*[1]. À deux reprises, j'ai eu l'occasion d'assister aux présentations d'Artur et ce fut une expérience captivante. Il est surprenant de voir cet entrepreneur s'adresser à son public directement depuis le métavers, sous forme d'avatar entièrement animé de la tête aux pieds grâce à une combinaison haptique appelée le *TeslaSuit*[2]. Cette technologie permet de se mouvoir avec une fluidité étonnante, chaque geste et expression étant retransmis fidèlement dans le monde virtuel.

Lors de ses présentations, Artur nous fait découvrir son métavers en se déplaçant comme un véritable guide, caméra virtuelle à la main, nous menant à travers des espaces d'exposition où sont mises en scène des collections de mode digitale. Il parvient à nous immerger dans son univers, où

---

[1] Somnium Space est une plateforme de réalité virtuelle décentralisée qui permet aux utilisateurs de créer, explorer et monétiser des mondes virtuels immersifs sur la chaîne de blocs.
[2] https://teslasuit.io

chaque recoin révèle une nouvelle facette de la créativité numérique.

Parfois, il est accompagné de Natalya Grimberg, une figure influente de la digital fashion. Elle agit comme point de repère pour le public, incarnant physiquement sur place l'intersection entre mode et technologie, tandis qu'Artur évolue dans son monde virtuel. Ce dernier n'apparait pas sur scène, il est littéralement dans son projet. Sa passion pour le métavers se traduit non seulement par son implication dans le développement de Somnium Space, mais aussi par sa manière de vivre et de présenter son univers directement depuis l'intérieur de ce dernier. Une immersion totale, aussi bien pour lui que pour son public, qui rend ses présentations mémorables. Des pionniers comme Artur Sychov façonnent la géographie du métavers. Ils révèlent les doutes et les aspirations, les craintes et les espoirs, une danse presque alchimique entre ce qui est et ce qui pourrait être.

Une autre rencontre marquante fut celle avec Neil Stephenson. Alors que j'assistais à la *Paris Blockchain Week*, j'avais pris place pour assister à la présentation de Lamina1[1]. Tout à coup, je réalise que la personne assise à côté de moi ressemble trait pour trait à ce grand auteur de science-fiction. Connaissant les liens étroits entre Lamina1 et

---

[1] Lamina1 est une *blockchain* dédiée à l'économie ouverte du métavers, cofondée par Neal Stephenson, l'écrivain à l'origine du terme métavers. Conçue pour soutenir des créateurs de contenu, elle offre des outils pour le développement d'expériences immersives et la gestion des droits numériques.

Stephenson, il ne m'a pas fallu longtemps pour deviner son identité. Nous avons échangé quelques mots, et de cette rencontre mémorable, il me reste une photo que j'ai partagée sur les réseaux sociaux. Rencontrer le père du concept de métavers, était comme toucher l'essence d'un mythe en pleine évolution. À cet instant, le métavers prenait une forme tangible, ancrée dans la réalité, tout en conservant la fluidité d'un rêve.

Et puis, il y a ces instants plus légers, marqués par une touche d'ironie, comme lorsqu'Owen Simonin[1] (alias Hasheur) décrit avec verve les hauts et les bas du monde des cryptomonnaies lors du salon Virtuality à Paris. Ces échanges, souvent ponctués d'humour, nous rappellent qu'au-delà de notre quête incessante d'innovation, nous demeurons profondément liés par une humanité partagée et des valeurs communes. Comme les marchés qu'il décrit, nos existences oscillent entre hauts et bas, mais toujours avec cet humanisme réconfortant qui nous rassemble.

Mais cette passion ne se nourrit pas uniquement de grandes figures. Elle s'enrichit chaque jour des petites merveilles technologiques, des services moins connus qui surgissent de l'ombre, des innovations qui captivent l'imaginaire.

---

[1] Owen Simonin, connu sous le pseudonyme Hasheur, est un entrepreneur et influenceur français spécialisé dans les cryptomonnaies et la technologie *blockchain*. Il est le fondateur et PDG de Meria, un prestataire de services sur actifs numériques (PSAN) enregistré auprès de l'Autorité des Marchés Financiers en France.

Par exemple, Ready Player Me, créé par Timmu Tõke, propose une manière innovante de concevoir son identité virtuelle. À partir d'une simple photo prise avec son smartphone, cette plateforme permet de générer un avatar qui nous ressemble, avec des traits suffisamment proches pour qu'on puisse s'y reconnaître, sans pour autant être hyper réaliste. En quelques instants, on se retrouve face à une version numérique de soi-même, stylisée mais reconnaissable, prête à explorer les différents univers virtuels. Ce qui rend Ready Player Me particulièrement intéressant, c'est sa compatibilité avec une multitude de plateformes. Dans un marché encore en pleine maturation, cette interopérabilité est un atout majeur, permettant aux utilisateurs de déplacer une partie de leur identité numérique d'un monde virtuel à l'autre.

Dans un registre différent, Emerge.io repousse les limites de l'immersion grâce à des avancées haptiques impressionnantes. En utilisant une technologie de champs de force ultrasoniques, Emerge.io permet de ressentir physiquement des objets virtuels ainsi que les gestes d'interlocuteurs, et ce, sans avoir recours à des gants ou à un équipement encombrant. Imaginez la sensation de toucher un objet numérique, de sentir sa forme sous votre main ou d'effleurer la texture d'un artefact virtuel. Cette intégration du toucher dans les interactions numériques enrichit l'expérience en la rendant infiniment plus immersive. Il ne s'agit plus seulement de voir ou d'entendre le monde virtuel, mais de le ressentir véritablement. C'est un pas de plus vers une immersion totale, où le monde numérique devient palpable.

Observer la manière dont les projets de ce type mûrissent dans l'ombre, puis surgissent dans la lumière, révélant des années de travail et de persévérance, est une source d'émerveillement continu. Ces moments confirment que le métavers n'est pas seulement une idée en développement ; il est déjà là, un terrain fertile où les esprits curieux peuvent semer les graines du possible.

En quoi ces expériences ont-elles façonné votre réflexion pour l'écriture de ce livre ?

Elles m'ont permis de cultiver un regard détaché, de me défaire de certaines certitudes, et d'apprivoiser les zones d'ombre qui entourent le métavers. Face aux mystères qu'il suscite, on est tenté de combler le vide par des constructions intellectuelles qui rassurent, mais se révèlent parfois fragiles. Je suis porté par la quête de justesse ; toutefois, face à un phénomène aussi vaste et mouvant, il faut admettre que seuls quelques fragments de compréhension s'offrent à nous. Comme le rappelle souvent le sociologue centenaire Edgar Morin[1], nous évoluons dans un océan d'incertitudes, en quête de rares îlots de certitude. C'est précisément cette approche, mêlant prudence et lucidité, qui me guide.

Au départ, on peut arriver avec un plan bien défini, une carte mentale ordonnée. Mais les rencontres, les échanges avec les penseurs, m'ont montré qu'il faut savoir lâcher prise. À travers les discussions avec des acteurs majeurs de ce

---

[1] Lire par exemple son ouvrage *Leçons d'un siècle* publié en 2021 aux éditions Denoël.

domaine, j'ai compris que toute vision trop rigide est vouée à se heurter aux limites de l'imprévisible. Le métavers n'est pas un monde figé : il se construit sous nos yeux, façonné par les rêves, les erreurs, les avancées et les reculs. Pour moi, il est devenu essentiel de partager cette incertitude avec le public, d'admettre que ce que nous construisons est encore en devenir, inachevé.

À mesure que le métavers se dessine, il devient évident que son avenir ne dépend pas seulement des avancées technologiques, mais aussi des visions et des intentions de ceux qui le façonnent. Les grandes entreprises, conscientes de son potentiel, s'engagent dans une course pour en revendiquer la maîtrise. Parmi elles, Meta a joué un rôle fondateur en propulsant ce concept au cœur du débat public.

Chapitre 2
Le Big Bang médiatique

« À trop vouloir conquérir le monde, tu as éteint ta flamme. »

Le 28 octobre 2021, Mark Zuckerberg dévoile le changement de nom de Facebook en « Meta ». Il indique alors que l'entreprise concentrera une partie de ses efforts sur la création du métavers. Pourquoi pensez-vous que cette annonce a suscité un tel écho à l'échelle mondiale, impactant à la fois les domaines technologiques et économiques ?

Je commencerais par préciser que le métavers, sous de multiples formes, existait bien avant cet événement. Certains pourraient même affirmer que la digitalisation, dans son ensemble, nous avait déjà entraînés vers une première orientation métaversique. La réalité mixte et les technologies associées existaient bien avant cette annonce — parfois depuis plusieurs décennies — et ce, dans différentes régions du monde. Il y a bien trop d'exemples pour tous les mentionner, mais de nombreuses entreprises, petites et grandes, œuvraient déjà à proposer des solutions immersives et à bâtir un véritable écosystème. L'histoire du métavers ne commence donc pas en ce jour de 2021. Pourtant, il faut bien reconnaître qu'à cette date, elle a pris un tournant singulier.

L'annonce a résonné dans le monde entier avec une force inattendue, presque comme un coup de tonnerre. Changer le nom d'une structure aussi emblématique que Facebook pour embrasser une vision « Méta », c'était audacieux. Mark Zuckerberg, cofondateur et PDG de l'entreprise, connu pour ses paris ambitieux sur les technologies du futur, a une fois de plus surpris. Pour beaucoup, ce geste n'a pas été perçu uniquement comme une vision d'avenir, mais aussi comme une tentative de diversion. À l'époque, les scandales sur la manipulation des données personnelles avaient éclaboussé Facebook, et la lanceuse d'alerte Frances Haugen[1] en avait révélé les coulisses. L'annonce du métavers aurait été, selon certains, avancée de plusieurs mois afin de détourner l'attention des médias et du public vers de nouveaux horizons, tout en faisant oublier les enjeux du passé.

Cependant, il y avait plus que cela. À travers son discours, Zuckerberg a fait preuve d'une ambition presque messianique, celle d'ériger un monde numérique parallèle où la technologie serait le pont entre les réalités physiques et virtuelles. Beaucoup ont vu là une forme de mégalomanie, l'envie d'un magnat de la technologie de façonner à son image un futur immersif, de le soustraire aux mains du commun, de se l'approprier pour l'intégrer à sa vision. Certaines grandes entreprises technologiques, quant à elles, ont vu dans cette annonce le reflet d'une course contre la montre, un écho d'angoisse : et si elles étaient en retard, si elles risquaient d'être dépassées par cette nouvelle révolution ?

Zuckerberg a tendu la main à d'autres géants comme Microsoft et Nvidia, en appelant à une collaboration qui permettrait de concrétiser cette vision. Il y avait là un appel implicite, un changement de paradigme, suggérant que le

---

[1] Frances Haugen est une ancienne employée de Facebook, devenue lanceuse d'alerte en 2021, après avoir divulgué des documents internes de l'entreprise révélant des pratiques controversées concernant la gestion des contenus nuisibles et la sécurité des utilisateurs sur la plateforme.

métavers ne serait pas une simple création isolée, mais un écosystème façonné par des alliances.

Et ainsi, cette annonce a créé un tumulte. Elle a attiré, fasciné, intrigué. Mais elle a aussi semé l'incompréhension. En un sens, elle a laissé au public une double impression : celle d'une promesse sans précédent et celle d'un risque, un pari sur une technologie encore en gestation. Au fil des mois, les annonces ont dû être adaptées, et Zuckerberg a modifié son discours. Il a cherché à rassurer, à expliquer que le métavers n'était pas utopique, mais un chemin vers une nouvelle forme de connexion humaine, où la technologie s'efface pour laisser place à une expérience plus immersive, plus proche de notre humanité. Une vague de communication à visée pédagogique a alors été diffusée pour mieux expliquer au grand public ce qu'est le métavers, en mettant particulièrement en avant les cas d'usage les plus forts, notamment dans les domaines de la formation et de la santé.

L'annonce a donc eu un impact profond. Elle a bousculé notre conception de la technologie, nous poussant à imaginer un monde où le virtuel et le réel se fondent, où la présence numérique devient aussi tangible que la présence physique.

Vous avez évoqué le caractère messianique de cette annonce et les perceptions parfois ambivalentes qu'elle a suscitées. À titre personnel, comment avez-vous réagi face à l'ampleur des ambitions affichées par Mark Zuckerberg ?

Ma première réaction fut celle d'une surprise mêlée de fascination. Il prenait là un pari audacieux, même téméraire, en s'engageant sur un terrain encore largement inexploré à large échelle. Ce qui m'a marqué, c'est l'accessibilité des casques de réalité virtuelle proposés par Meta, une stratégie visant à démocratiser un univers autrefois réservé à quelques initiés. Nous avons soudain vu émerger la possibilité de transformer la réalité virtuelle en un produit de grande consommation, et non plus en un outil réservé uniquement aux professionnels ou aux joueurs passionnés.

À mesure que j'y ai réfléchi, j'ai compris que cette stratégie n'était pas simplement un caprice technologique. C'était un tournant stratégique pour Meta, un moyen de redéfinir son modèle économique et de s'affranchir du poids croissant des critiques sur la gestion des données personnelles. Mark Zuckerberg, en véritable architecte, voyait plus loin : il anticipait peut-être les mutations du Web social vers des technologies plus décentralisées. Dans ce contexte, le métavers est devenu un nouvel espace de croissance, un projet de rupture tout en maintenant avec plus de force la promesse originelle de Facebook : rester en contact avec les personnes qui comptent dans nos vies.

Cette ambition, que vous décrivez comme téméraire, s'est traduite par des investissements considérables, malgré des pertes financières conséquentes. Pensez-vous que cette stratégie de démocratisation du métavers soit réellement viable ?

Cet investissement massif, cette audace d'avancer rapidement, de réduire les marges pour rendre la technologie accessible à tous, témoignent d'une vision qui dépasse le retour sur investissement à court terme. En effet, démocratiser le métavers nécessite des sacrifices financiers et du temps. Il faut accepter de courir le risque que l'adoption ne soit pas immédiate. La division Reality Labs de Meta, responsable du développement des technologies de réalité virtuelle et augmentée, a annoncé des pertes de 4 milliards de dollars pour le second trimestre de 2024. Les résultats financiers confirment de lourdes pertes pour Meta, avec un cumul qui dépasse désormais les 58 milliards de dollars depuis 2020[1].

Le rapport financier du second trimestre 2024 met en évidence un constat assumé de la part du géant : « Pour Reality Labs, nous continuons à prévoir une augmentation significative des pertes opérationnelles en 2024 par rapport à l'année précédente, en raison de nos efforts soutenus de développement de produits et de nos investissements visant à élargir davantage notre écosystème. »

Meta (et d'autres acteurs comme Pico, HTC, Sony) a contribué à normaliser l'usage des casques de réalité virtuelle, les faisant entrer dans les écoles, les musées, les universités et les foyers. Aux États-Unis, une étude de Piper Sandler a révélé qu'en 2024, près de 33 % des adolescents

---

[1] Pour accéder au rapport financier, consultez le document publié sur la page Relations Investisseurs de Meta : Meta – Résultats du second trimestre 2024.https://investor.fb.com/investor-news/press-release-details/2024/Meta-Reports-Second-Quarter-2024-Results/default.aspx

possèdent un casque de réalité virtuelle[1]. Cet effort pour abaisser les barrières d'entrée, tant par les coûts que par la communication, est une étape essentielle si l'on souhaite que la réalité virtuelle puisse devenir un outil quotidien, au même titre que le téléphone ou l'ordinateur.

Malgré cette vision, vous soulignez que l'accueil du public a été mitigé. Quelles étaient, selon vous, les attentes initiales et les raisons qui ont conduit à une certaine déception ?

Il est difficile de cerner précisément les attentes du public face à une annonce aussi retentissante que celle de Meta. Mais ce qui est certain, c'est que cette annonce a généré une vague d'émotions contrastées, oscillant entre admiration et scepticisme. Les médias se sont emparés du sujet avec une fougue qui n'a fait qu'amplifier cette polarisation : certains se sont érigés en fervents promoteurs, rêvant d'un nouveau monde immersif, tandis que d'autres y ont vu une utopie technologique, une lubie coûteuse et insensée.

Je ne prétends pas savoir ce que le public dans son ensemble espérait. Ce que j'observe, cependant, c'est une attitude de curiosité mêlée de réserve. Ceux qui ont eu la chance de tester les premiers outils ont eu des réactions partagées : certains ont été séduits par les possibilités offertes, d'autres, rebutés par la complexité d'une technologie encore en développement. Quant aux observateurs extérieurs, ceux qui n'ont pas encore pris part à cette expérience, ils se sont

---

[1] https://www.pipersandler.com/

souvent positionnés par principe, tantôt fascinés, tantôt effrayés, mais rarement dans une position d'ouverture.

Personnellement, je m'attendais à une infrastructure imposante, à un service fluide et à une expérience utilisateur aussi sophistiquée que les standards actuels. Mais l'immersion dans le métavers, et plus particulièrement dans Horizon Worlds[1], m'a vite montré les limites. Mon expérience dans Horizon Worlds a été un peu compliquée. En tant qu'utilisateur sensible au mal des transports, je trouvais difficile de m'immerger pleinement dans la plateforme. L'option de déplacement par translation fluide, contrôlée par les joysticks, me donnait la sensation de glisser en continu dans l'espace virtuel. Malheureusement, ce type de mouvement déclenchait rapidement un inconfort. Chaque tentative de navigation devenait un défi physique que je ne pouvais pas surmonter longtemps. C'était frustrant, car Horizon Worlds semblait prometteur, mais l'expérience était simplement trop difficile à supporter. Tout cela a été amélioré par la suite.

Les difficultés à interagir, à se mouvoir et le faible taux de participation révèlent une dimension encore balbutiante. L'adaptation est un obstacle pas assez simplifié : il faut calibrer les lentilles, paramétrer les zones de sécurité, accorder les permissions aux applications, naviguer dans un

---

[1] Horizon Worlds, créé en 2021 par Meta, est une plateforme sociale de réalité virtuelle permettant aux utilisateurs de créer, explorer et interagir dans des mondes virtuels en utilisant des avatars.

espace nouveau. C'est un apprentissage. Il y a également les imperfections, les bugs, les failles de conception qui indiquent que nous sommes loin d'une maturité technologique. Ces limitations rappellent à chacun que le métavers est un espace où l'on expérimente, où les acteurs tâtonnent, où les produits sont parfois proposés sur le marché avant d'avoir atteint une maturité suffisante.

Selon vous, quelles sont les principales raisons pour lesquelles beaucoup ont été déçus par Meta ?

La déception envers Meta trouve sa racine bien avant l'annonce de la vision de Zuckerberg. La méfiance s'est installée au fil des scandales qui ont révélé la face cachée du modèle économique du Web 2.0, fondé sur la collecte massive de données personnelles. Avec l'affaire Cambridge Analytica et les révélations de Frances Haugen, beaucoup ont pris conscience de l'exploitation des données par ces géants technologiques. Il y a eu un éveil, presque une prise de conscience collective, sur les limites d'un modèle où les données privées deviennent des marchandises, échappant à tout contrôle personnel. Ce sentiment de dépossession, cette frustration de ne pas tirer une valeur directe de nos informations, a ébranlé la confiance et planté les premières graines de cette méfiance.

Quant à ceux qui ont réellement été déçus par Meta en tant que constructeur d'un métavers, les exemples sont plus spécifiques. La récente fermeture de Meta Spark, la plateforme de réalité augmentée du géant, a laissé de nombreux créateurs orphelins de leurs outils. Ces artistes, qui avaient construit des portefeuilles de filtres et de contenus en réalité augmentée pour les marques, se retrouvent soudainement sans soutien ni infrastructure. C'est un coup dur pour une communauté qui, bien que petite, s'était engagée dans cette vision créative du métavers.

En ce qui concerne les utilisateurs des casques de réalité virtuelle, les avis sont partagés. Les cas d'usage se multiplient, des hôpitaux aux écoles, démontrant le potentiel de ces technologies pour diversifier les expériences et créer des moments de connexion humaine. Pour beaucoup, la déception ne provient pas du produit en lui-même, mais plutôt de l'écart entre les promesses ambitieuses de Meta et la réalité actuelle du métavers. Les casques offrent une expérience immersive intéressante et sont généralement bien accueillis par les professionnels comme par les particuliers. Sur la plupart des plateformes de vente, ils recueillent des évaluations très positives, témoignant de la satisfaction des utilisateurs malgré les limites de l'existant.

La déception est multifacette, façonnée par des attentes culturelles, des préoccupations éthiques et des expériences variées. Pour certains, le métavers reste une curiosité technologique en devenir ; pour d'autres, un idéal encore inatteignable. Mais ce qui persiste, c'est cette interrogation : Meta pourra-t-il surmonter les désillusions passées et réinventer sa place dans un monde où la possession et le contrôle des données sont des enjeux de plus en plus clés ?

Pour replacer les faits dans leur contexte, l'annonce de Meta est intervenue en pleine crise sanitaire, une période qui a profondément marqué notre société. Dans quelle mesure ce contexte pandémique a-t-il suscité un intérêt accru pour les espaces immersifs ?

La pandémie a incontestablement catalysé l'intérêt pour le métavers, en contraignant chacun à repenser ses interactions et à éprouver les limites des technologies de communication. Privés des échanges en présentiel, les individus se sont davantage appuyés sur les outils numériques pour maintenir un lien social. Dans ce contexte, le métavers a trouvé une nouvelle légitimité, non comme substitut du monde réel, mais en tant que prolongement immersif de nos capacités de connexion.

Dans le contexte du confinement, la réalité virtuelle s'est révélée capable de transcender les échanges limités et plats du smartphone et des visioconférences. Elle a offert cette sensation de présence qui manque cruellement aux technologies traditionnelles. Le métavers, par sa nature immersive, reproduit les codes du réel, permettant de se sentir à côté de quelqu'un, d'interagir presque physiquement, de dépasser la froideur des écrans bidimensionnels. Comparée aux autres technologies, la réalité virtuelle se pose en outil de lien social, et ce pouvoir d'immersion apporte une pertinence toute particulière.

La pandémie a été un accélérateur brutal de la transformation numérique. Les entreprises, souvent réticentes ou hésitantes, ont dû adopter les technologies numériques dans l'urgence. Cette transition, en temps normal graduelle, s'est accélérée, forçant employés et entreprises à se réinventer. Le Covid-19 a mis en lumière nos limites technologiques et, par la même occasion, notre besoin irrépressible de liens sociaux. Nous avons soudain réalisé que nos outils actuels ne suffisaient pas à recréer ces liens, que quelque chose de plus profond manquait.

C'est ainsi que la pandémie a pavé le chemin pour les mondes virtuels, en révélant les failles de nos systèmes actuels et en attisant notre désir de technologies capables de redonner vie à nos interactions humaines. Elle a montré que les technologies immersives ne sont pas qu'un luxe ou un gadget, mais une réponse potentielle à ce besoin fondamental de connexion. Ce n'est plus une utopie lointaine, mais une opportunité tangible de recréer le lien social dans un monde transformé par l'expérience de l'isolement.

Vous parlez d'une adoption qui transcende les restrictions physiques. Pourtant, certains voient encore le métavers comme une solution temporaire. Quelle est votre opinion à ce sujet ?

Je ne conçois pas le métavers comme une simple solution temporaire mais plutôt comme une avancée significative par rapport aux outils de communication traditionnels. En comparaison avec les smartphones ou les logiciels de visioconférence, le métavers offre une profondeur d'interaction, une sensation de présence qui transcende les limites des écrans bidimensionnels. Bien que cette technologie nécessite un matériel spécifique et un certain temps d'adaptation, son potentiel va bien au-delà d'un usage passager. Les contraintes du confinement n'ont fait que mettre en évidence son potentiel.

Prenons l'exemple d'Accenture, qui a instauré des programmes d'intégration en réalité virtuelle pour ses nouveaux collaborateurs. Cette initiative, née de la contrainte imposée par la pandémie, s'est avérée d'une efficacité pérenne. En offrant aux nouveaux employés la possibilité d'explorer virtuellement les bureaux, de se familiariser avec les ressources et les espaces de travail, Accenture a démontré que le métavers pouvait non seulement faciliter l'intégration, mais aussi générer des économies de temps et de coûts à long terme. Loin d'être une solution de transition, cette application illustre la pertinence d'une approche immersive pour répondre aux besoins actuels des entreprises.

Par ailleurs, les restrictions physiques, dans leur sens le plus large, rappellent les limites inhérentes à notre condition humaine : nous sommes confinés dans l'espace et dans le temps. Le métavers permet de contourner ces contraintes, en offrant la possibilité d'être virtuellement présent n'importe où, qu'il s'agisse de parcourir le monde depuis un lit d'hôpital ou de visiter des lieux historiques comme Pompéi dans toute leur splendeur passée. Cette capacité à transcender les distances géographiques, à voyager dans le passé et à explorer des mondes imaginaires nous rapproche de cette vision d'un Web « augmentatif », où la distance et le temps s'effacent.

Ainsi, la pandémie n'a fait qu'intensifier notre prise de conscience de la valeur de telles technologies, qui non seulement suppriment les frontières physiques, mais élargissent nos possibilités d'interaction humaine. Le métavers ne fait pas disparaître l'espace-temps, bien sûr, mais il permet de redéfinir notre rapport à ces concepts, en les adaptant aux besoins de notre époque. C'est là que réside sa force : dans cette capacité à offrir un semblant de liberté face aux contraintes, en créant des espaces où l'imagination et l'innovation peuvent s'épanouir.

Les limites techniques et les attentes déçues semblent avoir creusé un fossé entre la vision de Meta et les besoins réels des utilisateurs. Comment expliquez-vous ce malentendu autour de la véritable nature du métavers ?

Le terme « métavers » évoque une multitude de possibilités, des applications professionnelles et industrielles aux expériences sociales, éducatives et culturelles. Pourtant, la proposition initiale de Meta, notamment via Horizon Worlds, a semblé privilégier avant tout un espace orienté vers le divertissement.

Cette perception s'est largement formée à partir d'une vidéo promotionnelle diffusée par les grands médias, montrant des avatars attablés ensemble. Parmi eux figuraient l'avatar d'une jeune femme flottant au-dessus du sol, jouant aux cartes avec un robot humanoïde, ainsi que l'avatar de Mark Zuckerberg. Cet extrait, sorti du contexte global, faisait partie d'une présentation bien plus détaillée[1], qui abordait des axes plus essentiels du métavers, tels que la santé. Pourtant, c'est cet extrait précis qui a été massivement repris et qui est resté gravé dans les mémoires.

Quelques mois plus tard, Mark Zuckerberg a publié un selfie de son avatar dans Horizon Worlds, pris devant une représentation simplifiée de la tour Eiffel pour marquer le lancement de la plateforme en France. L'image, minimaliste et dotée de graphismes simples, a suscité des moqueries en raison de sa qualité visuelle jugée insuffisante. Il est probable que Zuckerberg ait pris ce selfie depuis le métavers en réalité virtuelle, emporté par l'enthousiasme, car l'immersion ressentie avec un casque de réalité virtuelle est bien plus intense. Bien que l'environnement présente une simplification graphique et un réalisme limité, notre cerveau tend à percevoir ces espaces comme crédibles et immersifs.

Ces deux actions de communication ont été maladroites, largement relayées par les médias, et ont contribué à réduire la perception du métavers à un simple espace de loisir, une sorte de terrain virtuel peu abouti, sans mettre en lumière ses dimensions immersives et innovantes. En réalité, le métavers dépasse largement cette impression initiale. L'exploration de son écosystème révèle une diversité d'expériences, allant d'applications éducatives et de documentaires interactifs jusqu'à des plateformes sportives,

---

[1] La présentation plus complète du Facebook Connect 2021 est disponible ici : https://www.youtube.com/watch?v=Uvufun6xer8

des visites culturelles immersives ou des expériences méditatives, autant de propositions qui s'étendent bien au-delà d'Horizon Worlds. Malgré cela, le grand public a souvent perçu cette initiative comme un espace essentiellement ludique, une extension virtuelle des réseaux sociaux, perception qui a pu engendrer une certaine déception.

En prenant du recul, pensez-vous que Meta puisse offrir plus qu'un réseau social immersif et concrétiser une vision plus globale ?

Assez logiquement, Meta se doit d'accompagner les utilisateurs vers de nouveaux usages afin de faciliter l'adoption de cette technologie de manière plus transverse que le simple gaming. Le géant s'adresse également aux professionnels en proposant des solutions adaptées aux environnements de travail immersifs. Horizon Workrooms, en particulier, est une plateforme de réunion virtuelle immersive. Grâce à cette solution, les équipes peuvent se retrouver dans des espaces interactifs et personnalisables qui favorisent une collaboration dynamique. Elle recrée l'atmosphère d'une salle de réunion physique avec des fonctionnalités avancées telles que le partage d'écran, la visualisation de documents en temps réel et des avatars expressifs qui rendent les échanges plus naturels, facilitant le télétravail. L'outil est intéressant car il est accessible avec ou sans casque VR, offrant une expérience flexible et inclusive.

Le géant américain propose également une solution professionnelle, Quest for Business, qui offre des options avancées pour la gestion des appareils en flotte. Ce service inclut un support technique prioritaire et des outils centralisés permettant aux administrateurs de déployer des applications, de surveiller l'état des appareils et de gérer les mises à jour à distance. Ces fonctionnalités simplifient considérablement la maintenance et l'intégration des casques à grande échelle dans un environnement professionnel.

La démocratisation des outils de gestion de flottes pour la réalité virtuelle rappelle celle des solutions de gestion des terminaux mobiles lors de leur adoption initiale. À l'époque, les entreprises se questionnaient sur la gestion des terminaux mobiles dans un cadre professionnel et ont mis en place des systèmes dédiés pour superviser et sécuriser leurs flottes d'appareils. Il est encore prématuré de déterminer si l'adoption des terminaux VR suivra un chemin similaire au mobile.

Dans le secteur de l'enseignement, Meta a lancé une série de webinaires à travers l'Europe, axés sur les applications éducatives du métavers. J'ai participé à ce projet en tant que représentant de l'enseignement supérieur. L'objectif est de sensibiliser les différents acteurs aux potentialités du métavers pour l'éducation, de partager les bonnes pratiques, de créer un réseau d'échanges européens et d'explorer comment ces technologies immersives peuvent enrichir l'apprentissage. Une offre éducative spécifique, nommée Quest for Education, sera prochainement proposée à cet effet.

De mon point de vue, le plus grand malentendu autour du métavers reste ce fossé entre la perception du public et la multiplicité des cas d'usage. En ne voyant qu'une fraction de son potentiel, on risque de passer à côté d'une transformation plus large : celle d'un espace virtuel qui pourrait enrichir notre quotidien de manière significative et durable. Beaucoup d'acteurs, dont Meta, l'ont compris, mais œuvrent discrètement, développant une multitude d'expériences en interaction avec des écosystèmes spécifiques.

Pour conclure, vous avez mentionné un fossé entre la perception publique et la multiplicité des cas d'usage. Quel héritage pensez-vous que l'annonce de Meta a laissé dans la manière dont nous envisageons ces technologies ?

En prenant ce virage audacieux, Meta a éveillé les consciences quant aux capacités actuelles de la technologie et à ses potentialités futures. Cette vision ambitieuse, même si elle a suscité des craintes, a surtout permis de poser la question : « Jusqu'où pouvons-nous aller avec ces technologies ? » Ce questionnement a mené à une réflexion collective sur le Web spatial et sur les nouvelles formes de réalité numérique, incitant divers acteurs à reconsidérer leur trajectoire ou à la poursuivre.

Meta a aussi contribué à fédérer l'écosystème de la réalité étendue, en offrant un cadre conceptuel qui a permis aux entreprises, petites et grandes, de s'aligner temporairement sur une même vision. De nombreux acteurs ont pu se positionner plus facilement grâce à cette impulsion, et les investisseurs ont été sensibilisés aux enjeux et aux promesses.

Cet élan a permis à de nombreux projets de se faire connaître et de se développer. En France, par exemple, une initiative conjointe de Meta, L'Oréal et HEC a abouti à la création d'un programme d'accélération de startups dédié à la créativité dans le métavers, situé à STATION F. Lors de la première édition, cinq startups ont bénéficié de ce programme : ACID, Kinetix, V-Ar, Wilkins Avenue AR et Yumon.

Ces initiatives sont d'autant plus importantes que le financement de l'écosystème de la réalité étendue en France repose en grande partie sur des fonds publics. Kinetix a réussi à attirer des investisseurs privés pour soutenir le développement de son outil de création d'émotes[1] personnalisées, qui permet aux utilisateurs de générer des animations à partir de vidéos, qu'elles proviennent d'un téléphone, de TikTok ou d'autres sources. Ce succès illustre le potentiel du secteur et l'intérêt croissant des investisseurs privés pour les technologies immersives. Cependant, le terme a vite été surutilisé, au point de perdre de sa force et de se voir associé à des projets moins ambitieux, mal conçus, opportunistes et parfois même malveillants.

---

[1] Une émote est une animation visuelle appliquée aux avatars dans les jeux vidéo et sur les plateformes en ligne.

L'impact de Meta ne s'est pas limité à l'industrie ; il a également ouvert de nouvelles perspectives pour la recherche académique. Le géant a investi près de 2,5 millions de dollars en Europe pour soutenir des projets de recherche. Ce qui était autrefois un domaine d'étude essentiellement technologique s'est élargi pour inclure des dimensions sociétales, psychologiques et marketing. Une vague d'articles et d'éditoriaux a ainsi été publiée dans les plus grands journaux spécialisés en marketing, retailing et en management des systèmes d'information, contribuant à encourager et à structurer de nouvelles recherches[1].

Les questions posées par le métavers — sur notre manière de communiquer, de consommer, d'interagir — ont acquis une importance nouvelle. Les travaux ont mis en lumière les implications sociales et culturelles de cet espace numérique en devenir. On s'intéresse désormais à la perception qu'ont différentes populations du métavers, aux impacts potentiels sur nos modes de vie, et à la manière dont il pourrait transformer les différents secteurs.

En définitive, l'héritage de Meta s'inscrit à un carrefour où la technologie révèle ce qu'elle est capable d'accomplir, tout en soulevant une question éthique fondamentale : faut-il nécessairement exploiter tout ce potentiel ? Par ce geste inaugural, Meta nous a invités à explorer ce nouvel univers,

---

[1] Voir, par exemple, cet éditorial : Metaverse beyond the hype: Multidisciplinary perspectives on emerging challenges, opportunities, and agenda for research, practice and policy. YK Dwivedi, L Hughes, AM Baabdullah - International journal of information management, 2022.

tout en laissant en suspens des interrogations sur les directions que nous souhaitons emprunter.

Mais pour comprendre ce phénomène, je crois qu'il faut se rendre compte que nous attachons nos peurs et nos espoirs à un socle commun profondément ancré en chacun de nous : la science-fiction. C'est au travers de ce prisme que je vous propose de débuter notre réflexion.

Chapitre 3
La Science-Fiction

« Né des songes de la fiction, tu t'es heurté aux murs du réel. »

La science-fiction a souvent nourri nos visions de l'avenir. Selon vous, comment les œuvres de ce type ont-elles influencé notre regard sur les technologies immersives tout en façonnant notre rapport à leur potentiel ?

La science-fiction n'a pas seulement inspiré, elle a également façonné des parcours de vie. Prenons l'exemple de Neal Stephenson, l'auteur du roman *Le Samouraï Virtuel*[1], qui a inventé et popularisé le terme de « métavers ». Publié en 1992, ce roman nous plonge dans un univers dystopique où le personnage principal, Hiro Protagonist, est à la fois hacker freelance et livreur de pizzas pour la Mafia. Ses aventures débutent lorsqu'il rencontre une coursière intrépide, avec qui il forme un partenariat pour collecter et vendre des informations, tout en explorant les mystères du métavers et d'un dangereux virus nommé Snow Crash.

Dans le métavers, un immense espace numérique où les individus interagissent sous forme d'avatars, Hiro découvre que le virus Snow Crash est capable de détruire les systèmes informatiques et les cerveaux humains. Ce virus, numérique et biologique, est utilisé par un magnat des médias pour manipuler les populations. Ce dernier exploite une langue sumérienne permettant de « programmer » les esprits humains, et le virus devient l'outil principal de son contrôle. Ce monde virtuel, à la fois refuge et champ de bataille, est

---

[1] Stephenson, N. Le Samouraï virtuel. Paris : Robert Laffont, collection Ailleurs et Demain, no 153, février 1996.

au cœur de l'intrigue, révélant les tensions entre la créativité individuelle, le chaos sociétal et les luttes de pouvoir.

À l'époque, la notion de métavers relevait d'une vision futuriste et spéculative, mais elle portait déjà une réflexion sur les impacts sociaux, économiques et linguistiques de la numérisation. Stephenson décrivait un espace où les inégalités du monde réel se reproduisent, où la propriété numérique et le contrôle de l'information deviennent des enjeux centraux, et où la liberté d'expression est autant exaltée que menacée.

Plus de trente ans après la publication de ce roman, cette idée, qui semblait appartenir à la fiction, s'est imposée dans notre vocabulaire technologique et alimente aujourd'hui des projets concrets, portés par des géants de la technologie. Il est fascinant de constater que Stephenson lui-même est désormais acteur du métavers, puisqu'il a co-fondé Lamina1, une chaîne de blocs dédiée au métavers, dans un effort pour concrétiser une vision (cette fois positive) d'un monde numérique qu'il avait autrefois imaginé[1]. Stephenson a également occupé le poste de Chief Futurist chez Magic Leap[2], montrant son impact non pas uniquement dans la fiction mais également sur le terrain de l'innovation. Nous assistons ici à une boucle complète, où l'inspiration fictive devient une quête réelle.

---

[1] Il ne s'agit pas de la vision comptée dans son roman mais d'une vision beaucoup plus utopique d'un métavers ouvert.
[2] Entreprise américaine spécialisée dans la réalité augmentée. Elle produit des lunettes de réalité augmentée du même nom.

Mais cette influence ne se limite pas à Stephenson. La science-fiction a poussé les acteurs technologiques à projeter leurs idées dans un avenir où le numérique se mêle intimement à la réalité. Les œuvres offrent une carte imaginaire du futur, que les innovateurs tentent parfois de suivre, intégrant dans leurs démarches cette richesse culturelle héritée. La science-fiction permet de rêver, d'anticiper, de défier les limites de la technologie actuelle pour concevoir ce qui pourrait être. Il n'est donc pas surprenant que la science s'inspire des idées fictives et que, réciproquement, la science-fiction s'enrichisse des avancées technologiques réelles. Ce dialogue entre la science et la fiction dessine un pont entre rêve et réalité, où les concepts visionnaires se matérialisent progressivement, transformant parfois les mondes imaginés en véritables projets.

En revenant à cette interaction entre science-fiction et innovation, pourriez-vous citer des œuvres emblématiques qui ont su anticiper des aspects essentiels du métavers ?

L'un des premiers exemples vient des *Lunettes de Pygmalion* de Stanley Weinbaum en 1935, où l'inventeur Albert Ludwig crée des lunettes capables de transformer les rêves en réalités. Cette histoire, bien en avance sur son temps, esquisse les possibilités offertes par la réalité virtuelle, et son influence est encore perceptible dans les concepts modernes de technologie immersive. Il y a aussi, bien sûr, Isaac Asimov, en particulier dans *Face aux feux du soleil* (1957). Il y anticipe l'utilisation d'hologrammes pour la communication à distance. Ce roman offre une vision pionnière de la réalité mixte, similaire aux technologies comme les HoloLens de

Microsoft, où des avatars virtuels interagissent avec les utilisateurs.

Daniel F. Galouye, avec *Simulacron-3* (1964), explore l'idée d'une simulation où la réalité et la virtualité se fondent. Ce roman met en scène un monde virtuel créé pour étudier les comportements humains. Cette éventualité est bien sur source possible de progrès mais également de considération éthique.

Enfin, William Gibson dans *Neuromancien* (1984) invente le concept de « cyberespace », un réseau informatique mondial perçu sensoriellement. Ce monde numérique, auquel les utilisateurs accèdent par des électrodes, préfigure la notion de « matrice » dans Matrix et, plus généralement, notre idée actuelle du métavers en tant qu'espace de connexion immersive.

Ces œuvres, et bien d'autres encore, n'ont pas seulement décrit des mondes virtuels immersifs : elles ont également façonné les attentes et nourri les imaginaires. En mêlant science et imagination, elles ont tracé un chemin qui inspire les hommes modernes à tenter de concrétiser ces visions en réalités tangibles. Toutefois, elles ont également influencé nos perceptions de manière biaisée, car elles s'inscrivent bien souvent dans des récits dystopiques.

Vous semblez distinguer les visions audacieuses qui stimulent l'innovation des promesses irréalistes qui restent difficiles à concrétiser. Selon vous, quelles idées de la science-fiction sont aujourd'hui les plus éloignées de la réalité ?

Au fil du temps, j'ai appris à aborder avec prudence la frontière entre le possible et l'irréaliste, surtout lorsqu'il s'agit de visions issues de la science-fiction. Si certaines idées peuvent paraître audacieuses, il est difficile de dire avec certitude ce qui demeurera impossible. C'est en cela que la technologie peut défier notre éthique.

Les lentilles de réalité augmentée sont une idée inspirée de la science-fiction qui a déjà connu des prototypages (par exemple par Mojo en 2020) mais dont la commercialisation est particulièrement complexe pour des raisons évidentes. Cette idée revient parfois mais ne semble pas pouvoir aboutir à court terme.

Lorsque la science-fiction imagine des réalités où l'on pourrait être entièrement projeté dans un monde virtuel et y croire pleinement, cette vision semble déjà en partie réalisée grâce aux technologies actuelles. Les casques de réalité virtuelle offrent une immersion saisissante, et les combinaisons haptiques, comme le TeslaSuit[1], permettent de ressentir physiquement les interactions virtuelles.

Dans l'un des plus grands métavers sociaux immersifs, VRChat, de nombreux utilisateurs exploitent ces technologies pour enrichir leur expérience. Bien que beaucoup se connectent via la réalité virtuelle traditionnelle, certains intègrent également des dispositifs avancés, comme

---

[1] Les combinaisons TeslaSuit sont, pour le moment, uniquement disponibles pour les professionnels. https://teslasuit.io

des systèmes de suivi corporel complet. Ces outils permettent de retranscrire avec précision les mouvements du corps, ajoutant une nouvelle couche de réalisme aux interactions. Ce type d'innovation rapproche encore davantage la fiction d'une réalité tangible, où le virtuel et le réel s'entrelacent de manière inédite.

Il existe également des tapis omnidirectionnels, comme le KAT Walk[1], qui permettent de marcher, courir et simuler des gestes dans le métavers tout en restant dans un espace restreint. Ces tapis utilisent une surface glissante concave et des chaussures spéciales à faible friction pour reproduire des mouvements naturels. Un harnais ergonomique maintient l'utilisateur en sécurité pendant l'utilisation, tandis que des capteurs traduisent ses gestes en actions dans l'environnement virtuel. Cela offre une immersion profonde, idéale pour explorer des mondes numériques, participer à des jeux ou suivre des entraînements immersifs. Toutefois, le coût et la place nécessaire pour un tel dispositif limite encore son adoption.

Finalement, le cerveau lui-même est l'interface ultime, surpassant largement les technologies actuelles en termes de potentiel. Prenons, par exemple, l'idée de ressentir le goût dans un environnement virtuel. Si cette perspective peut sembler ambitieuse, elle repose néanmoins sur des bases scientifiques solides. Le goût est traité par le cortex gustatif et l'insula, mais les amygdales, situées dans le système

---

[1] https://www.kat-vr.com

limbique, jouent un rôle central dans l'évaluation émotionnelle et la mémorisation des saveurs. Stimuler artificiellement ces régions pourrait permettre de reproduire non seulement les sensations gustatives, mais aussi les émotions associées, rendant l'expérience plus immersive et réaliste. Bien que cette technologie soit encore au stade expérimental, les avancées en neurosciences et en interfaces cerveau-machine laissent entrevoir un avenir où ces perceptions pourraient être intégrées dans les environnements virtuels de manière convaincante.

Jean d'Ormesson avait l'habitude de dire que tout ce que les hommes pourront faire, ils le feront. De la même manière, tout ce que la science peut concevoir, elle le réalisera. Ainsi, à partir du moment où l'on intègre les Nanotechnologies, les Biotechnologies, l'Informatique et les sciences Cognitives (NBIC), les limites s'estompent. Les questions de transhumanisme, de dépassement de nos limites biologiques et même d'évolution vers une condition « post-humaine » semblent, dans ce contexte, de plus en plus plausibles. Je ne pense pas pour autant que ce soit une bonne chose mais quand la machine technologique est en route, elle est difficile à freiner.

Certaines idées demeurent aux confins de la fiction, limitées par des obstacles éthiques et techniques, et le voyage dans le temps[1] en est un exemple. Bien que nous puissions en

---

[1] Stephen Hawking n'avait pas totalement exclu cette possibilité. La fondation Hawking précise : « Nous ne pouvons pas exclure la possibilité de voyager dans le temps, car cela n'a pas été réfuté ».

recréer l'illusion à travers des technologies comme la réalité virtuelle, manipuler réellement le temps reste hors de portée de notre compréhension et de nos capacités actuelles. Toutefois, la physique théorique, notamment à travers la relativité générale, laisse entrevoir des possibilités. Des concepts comme les trous de ver et les courbes temporelles fermées laissent entendre que, théoriquement, les lois fondamentales de l'univers n'excluent pas totalement le voyage dans le temps. Toutefois, leur réalisation nécessiterait des conditions extrêmes, telles qu'une énergie négative ou des densités d'énergie exotiques, qui n'ont jamais été observées expérimentalement.

Si la science ne permet pas de concrétiser ces idées, elle ne les invalide pas totalement non plus. L'histoire des découvertes scientifiques illustre à maintes reprises que des concepts jugés impossibles ou spéculatifs ont été rendus réalisables grâce aux progrès technologiques et à une compréhension plus profonde des lois de la nature. Les promesses de la science-fiction ne se trouvent pas tant dans les outils technologiques qu'elle envisage, mais dans les idéaux de contrôle absolu qu'elle suppose. En tentant de réécrire les lois de la nature et de surpasser les contraintes de notre monde physique, nous embrassons des aspirations qui sont à la fois grandioses et potentiellement hors de portée. Peut-être est-ce ce contraste entre l'immensité de nos aspirations et la modestie de notre condition humaine qui rend la science-fiction si fascinante.

Même si certaines idées restent irréalisables à court terme, il semble que les technologies actuelles repoussent les limites de l'immersion.

Comment percevez-vous l'impact des innovations récentes sur la frontière entre rêve et réalité ?

Le métavers, à bien y réfléchir, est sans doute le prolongement le plus audacieux de notre imaginaire. C'est un terrain d'expression qui n'a pas uniquement vocation à reproduire fidèlement le monde tangible. Il s'ouvre à la possibilité de bâtir nos rêves, de donner forme à des visions qui transcendent la réalité, abolissant virtuellement les contraintes. Pour l'avenir du métavers, la frontière entre rêve et réalité sera donc celle que nous choisirons d'ériger, ou peut-être celle que nous déciderons de faire disparaître.

Dans cet espace, des espaces virtuels purement imaginaires peuvent voir le jour, des lieux où l'on oublie les notions conventionnelles de possession et d'existence. De tels mondes, entièrement oniriques, pourraient nous inviter à des expériences profondément introspectives, méditatives, où le rêve devient une énergie brute, un carburant pour l'esprit. Se détacher des ancrages habituels, explorer des univers où le soi s'efface, où l'on se fond dans quelque chose de spirituel, c'est là une possibilité que le métavers pourrait rendre tangible[1]. Une application de réalité virtuelle telle que

---

[1] Pour les dimensions spirituelles du métavers, l'ouvrage *Métavers - Et s'il avait toujours existé ?* explore l'idée que le métavers pourrait être perçu comme une extension technologique de réflexions philosophiques et spirituelles. On peut également établir un parallèle avec la notion de noosphère développée par Pierre Teilhard de Chardin dans son ouvrage *Le Phénomène humain* (Éditions du Seuil, 1955). Teilhard de Chardin y décrit la noosphère comme une « sphère de pensée » englobant la planète, fruit de l'évolution collective des consciences humaines, qui peut trouver une résonance avec notre sujet.

TRIPP[1] propose un véritable voyage introspectif, permettant aux utilisateurs de découvrir et explorer leurs énergies intérieures. Les flux d'énergie deviennent visibles sous diverses formes, rendant l'expérience méditative d'autant plus saisissante. L'application a été largement récompensée, notamment par le prix CES Top Pick du Washington Post en 2019 et le prix de la Meilleure Invention décerné par TIME Magazine en 2022.

Et pourtant, à l'autre extrême, se dessine une approche bien plus réaliste. Dans cette vision, le métavers serait un miroir du monde physique, un espace où l'on manipule des jumeaux numériques d'objets réels (planète, machine, produits), où l'on s'entraîne pour des métiers techniques, des métiers de précision, et où le virtuel s'aligne aux exigences du monde concret. Ainsi, le métavers pourrait osciller entre des dimensions d'évasion pure et des facettes purement pratiques, se déclinant selon les besoins et les aspirations.

Mais plus encore, il est probable que de nouveaux espaces hybrides émergent, des mondes qui fusionnent des éléments familiers comme l'identité ou la possession avec des dimensions d'escapisme profond. Dans de tels lieux, l'expérimentateur se perd dans l'imaginaire tout en restant ancré dans des structures sociales reconnaissables, mêlant l'exploration intérieure à des éléments de la réalité extérieure. Peut-être est-ce là le véritable potentiel du

---

[1] https://www.tripp.com

métavers : non pas de se cantonner à une réalité ou à un rêve, mais de redéfinir la frontière même qui sépare ces deux états, et de permettre à chacun de basculer de l'un à l'autre, librement, sans rupture.

Ainsi, à mesure que la technologie s'intensifie, les limites que nous pensions fixes – entre le vrai et le faux, l'humain et le virtuel, la réalité physique et numérique – s'estompent. Le métavers pourrait bien être l'espace où ces distinctions deviennent floues, où l'outil cesse d'être seulement un outil, et où l'expérience virtuelle se dresse comme une réalité en elle-même, inséparable de l'existence humaine. Nous ne vivons pas simplement la disparition des frontières, mais l'émergence d'un univers où l'imaginaire se constitue en une nouvelle forme de réalité, alternative et enrichissante, qui complète et parfois défie notre perception du monde. Ce processus peut aller jusqu'à redéfinir nos identités via l'incarnation des avatars.

Chapitre 4
L'incarnation

« Tu as façonné mille visages, mais aucun n'a su te rendre réel. »

Vous avez évoqué comment nos vies s'étendent de plus en plus dans des dimensions virtuelles. Le métavers, avec sa profondeur immersive, redéfinit-il nos identités en transformant notre rapport à nous-mêmes et aux autres ?

Dès les débuts de l'internet, des fragments de notre identité et de nos vies ont commencé à se déployer sur des supports intangibles. Une part essentielle de ce que nous sommes est désormais digitale. L'identité a évolué, nous sommes devenus des humains numériques, partageant nos expériences, nos possessions, notre savoir et nos relations à travers des canaux virtuels.

Aujourd'hui, nous poursuivons cette aventure pour la rendre encore plus réaliste, immersive et interconnectée. L'immersion représente une évolution de cette existence numérique, offrant une manière inédite d'incarner et de vivre notre vie digitale. C'est un espace permettant des interactions profondes avec nos doubles numériques (l'avatar) et les possessions virtuelles. On dépasse peu à peu la vision fragmentée et cloisonnée du Web actuel pour proposer une expérience plus naturelle. Un espace tridimensionnel pour une espèce tridimensionnelle. C'est une nouvelle étape dans l'expansion de notre humanité numérique.

Concrètement, une part de notre identité immersive prend désormais forme avec l'avatar. L'avatar est une descente dans une forme de virtualité où nos traits se fondent et se redéfinissent. En Sanskrit, le terme signifie précisément « descente » ; il porte l'idée d'une incarnation, de l'immatériel qui prend forme dans le matériel. Cette transformation symbolise un passage entre le monde réel et le virtuel, matérialisant une transition qui n'est plus seulement imaginaire mais vécue. Les avatars permettent de réinventer notre apparence, d'explorer des identités multiples. Par cette incarnation, les utilisateurs accèdent à une autre dimension de leur être.

Ce qui est intéressant, c'est que malgré une vaste palette d'incarnations possibles[1], les choix des utilisateurs sont souvent influencés par les habitudes et les contraintes du monde réel dans un environnement où l'anthropomorphisme est la norme dominante. La reproduction d'apparences humaines dans le métavers facilite la communication, car elle permet de maintenir certains repères visuels et sociaux auxquels les utilisateurs sont habitués. Les recherches montrent que, même dans les mondes virtuels où la liberté de création est presque totale, il existe une tendance naturelle à reproduire des éléments du monde réel ou, à tout le moins, à conserver des repères facilitant les interactions sociales. Certains métavers vont même jusqu'à limiter les options aux seules apparences humaines, souvent proches de la réalité, tout en offrant des possibilités de personnalisation, telles que le choix des lunettes, des coiffures, de la taille, et d'autres caractéristiques.

---

[1] Dans le métavers, il est possible d'incarner des personnages, des objets et même des concepts réels ou imaginaires.

Cependant, les utilisateurs recherchent parfois la différence. Un exemple précurseur de cette tendance peut être observé dans les personnages Mii[1] de Nintendo. Les utilisateurs détournent fréquemment les options prédéfinies pour créer des avatars qui s'éloignent des représentations humaines classiques. Plutôt que de se limiter à des humains réalistes, certains choisissent de recréer des personnages imaginaires comme Pikachu ou Garfield, en utilisant des formes abstraites pour les yeux et le nez. D'autres transforment leur avatar en figures géométriques ou symboliques, comme une tête ressemblant à un smiley ou un visage réduit à un motif minimaliste.

On observe souvent l'utilisation des sourcils pour dessiner des oreilles de lapin, ou encore le positionnement des yeux en bas du visage pour représenter des masques ou des casques. Certains utilisateurs vont même jusqu'à créer des avatars qui ressemblent à des objets inanimés, comme des planètes, des cœurs ou des robots, jouant avec les proportions et les couleurs pour dépasser le cadre de la figure anthropomorphe.

Ce choix de se distancier des traits humains peut être motivé par un désir d'évasion, une volonté de se démarquer de redéfinir les codes de l'identité personnelle. Cependant, une fois qu'une communauté a établi des préférences ou des attentes quant à la façon dont les individus se représentent,

---

[1] Les Mii sont des avatars numériques personnalisables créés par Nintendo pour représenter les utilisateurs dans ses jeux et applications, introduits avec la console Wii en 2006.

des « codes » implicites se développent. Ainsi, bien que la liberté d'expression et d'identité soit formellement étendue dans le métavers, les attentes sociales et les normes communautaires peuvent limiter les choix de représentation et influencer la manière dont l'individu s'exprimera réellement. Les utilisateurs qui choisissent de se représenter sous des formes non humaines peuvent se retrouver isolés ou confrontés à une difficulté d'intégration.

Les espaces virtuels nous ramènent à une vérité essentielle : nous sommes ce que nous décidons d'incarner, même dans les univers les plus artificiels. L'identité est un jeu de constructions, de métamorphoses et de réflexions, où chaque choix, chaque interaction, participe à la redéfinition de notre être. Ce qui est en jeu, ce n'est pas tant de savoir si nous pouvons être nous-mêmes, mais de comprendre jusqu'où nous sommes prêts à explorer les frontières de ce que signifie être soi, dans un espace où les limites de l'identité sont aussi vastes.

Vous mentionnez que l'avatar est une descente dans une forme de virtualité et qu'il permet de réinventer son identité. Pourtant, malgré cette liberté apparente, pourquoi observe-t-on une tendance à reproduire des éléments du monde réel dans le métavers ?

L'avatar loin de se limiter à une simple copie ou à une amélioration superficielle de soi, offre une palette d'expressions identitaires. En ce sens, il peut refléter, à divers degrés, notre véritable identité ou un idéal imaginaire, fonctionnant comme une extension malléable de soi-même.

Pour beaucoup, la création de l'avatar commence par une représentation proche du réel, avec quelques ajustements subtils. Les individus peuvent choisir de conserver des éléments visuels qui les caractérisent dans le monde physique – lunettes, coiffure, ou vêtements typiques. Des études montrent que ce processus de personnalisation est influencé par un besoin de familiarité et de reconnaissance. Par exemple, ceux qui veulent être identifiés par des proches dans le métavers gardent souvent des traits distinctifs, comme s'il s'agissait de signaux d'authenticité, d'ancrage dans le réel. Lors de mes cours dans les environnements virtuels, mon avatar, bien qu'il ne me ressemble pas parfaitement, porte des lunettes et un costume qui rappellent les miens.

Cependant, l'attrait pour l'idéalisation est omniprésent : nombreux sont ceux qui ajustent légèrement leurs traits, pour se rapprocher d'un « soi » idéal. De la même manière qu'on pourrait sélectionner une photo flatteuse pour les réseaux sociaux, les utilisateurs ajustent leur apparence virtuelle. Il s'agit d'un avatar amélioré, une version légèrement plus proche de leur idéal. Sans l'avoir réellement choisi, mon avatar affiche une carrure plus imposante que la mienne. Ce n'était pas mon intention, mais la plateforme Ready Player Me a généré cette version de manière automatique. Je ne pense pas que cela soit un hasard.

Il existe aussi une autre dynamique dans cette création d'avatars : le désir de se libérer des contraintes physiques du monde réel et d'explorer une identité plus fantaisiste. Le métavers ouvre la possibilité d'adopter une apparence radicalement différente, d'opter pour des avatars non anthropomorphiques ou d'expérimenter des formes qui n'existent pas dans notre quotidien. Ce choix, motivé par un besoin d'évasion et de liberté, reflète souvent une quête d'auto-exploration, voire de transformation. C'est un espace où l'individu peut se dégager des attentes et des normes sociales, redéfinissant, par la même occasion, les contours de son identité.

L'usage – qu'il s'agisse d'une vocation professionnelle, d'un espace de rencontre sociale ou d'un simple divertissement – influence directement le choix de l'avatar. Pour des activités professionnelles, les avatars tendent à rester plus conventionnels, tandis que dans des espaces de loisirs, le champ d'expression devient nettement plus libre. Ce choix d'apparence se transforme alors en un véritable message : est-ce que je souhaite être perçu comme une extension de moi-même ou suis-je ici pour expérimenter une autre facette de mon identité ? Est-ce que je veux être reconnu ou passer inaperçu ?

L'avatar fonctionne comme un pont entre notre identité réelle et les dimensions idéalisées ou imaginaires que nous souhaitons explorer. Loin de nous figer dans une version unique de nous-mêmes, les espaces virtuels demeurent un espace de fluidité identitaire, où chaque choix, chaque ajustement, exprime quelque chose de notre relation au monde.

Notre avatar a-t-il le pouvoir de modifier la perception que nous avons de nous-mêmes ?

L'effet Proteus[1] montre que l'apparence de notre avatar peut influencer notre comportement. Inspiré du dieu grec capable de changer d'apparence, cet effet souligne que les caractéristiques virtuelles que nous adoptons peuvent transformer nos attitudes et nos interactions. L'apparence de l'avatar influence notre confiance, notre estime de soi, et les autres nous perçoivent à travers le prisme de cette nouvelle identité. En incarnant une nouvelle forme, nous sommes entraînés dans un jeu de reflets où la perception de soi se mêle à la perception de l'autre.

À l'image de nos interactions physiques, les interactions sociales nous influencent profondément. Cependant, bien que ce lien soit évident, il est teinté d'une nouvelle dynamique due à la séparation entre notre identité physique et notre identité numérique. Dans le Web 2.0, la possibilité d'agir de manière anonyme a déjà permis une certaine liberté de comportement, une liberté que l'on retrouve aujourd'hui de manière plus profonde. L'anonymat et le contrôle sur notre apparence numérique peuvent nous amener à explorer des aspects de notre personnalité que nous n'oserions peut-être pas montrer à nos proches.

Toutefois, même dans un espace numérique où notre identité est masquée, les études montrent que les interactions sociales du métavers sont en grande partie influencées par des codes sociaux similaires à ceux du

---

[1] Yee, N., & Bailenson, J. (2007). The Proteus Effect: The Effect of Transformed Self-Representation on Behavior. Human Communication Research, 33(3), 271–290.

monde physique. Par exemple, des comportements de mimétisme social, tels que l'homophilie, incitent les utilisateurs à s'entourer d'autres avatars ayant des caractéristiques similaires. Cela se manifeste notamment dans les environnements numériques spécialisés, où des groupes d'intérêts partagés se forment autour de passions ou d'objectifs communs. Ce phénomène favorise un sentiment de familiarité et d'appartenance, mais il peut aussi conduire à des comparaisons sociales et influencer la manière dont les individus perçoivent et valorisent leur identité.

Permettez-moi d'illustrer mes propos avec l'un des plus grands succès du métavers social immersif : VRChat[1]. La diversité des avatars présents sur VRChat confine à l'émerveillement. Lorsque vous franchissez le seuil d'une salle, vous entrez dans un univers où cohabitent, dans un ballet improbable, poissons, araignées titanesques, squelettes dégingandés et créatures minuscules évoquant quelque lointaine chimère. Ici, la matière et la forme se libèrent de leurs carcans habituels, et le virtuel devient un espace où s'entremêlent les métamorphoses. L'imaginaire collectif s'incarne, démultiplié, dans un flux de figures qui se rencontrent, se croisent, éphémères mais vibrantes, comme autant de fragments d'un rêve partagé.

---

[1] VRChat est une plateforme sociale immersive en réalité virtuelle, permettant aux utilisateurs d'interagir sous forme d'avatars personnalisés dans des mondes virtuels variés et créés par la communauté.

J'ai lu une anecdote sur un forum qui illustre l'influence des dynamiques de groupe sur les choix identitaires dans un monde virtuel. Un participant de VRChat raconte qu'au cours d'une visite dans le bar/restaurant virtuel dénommé The Black Cat, un groupe de joueurs arborant des avatars de poulet a soudain envahi la salle. Ensemble, ils ont entrepris de convaincre chaque visiteur de rejoindre le « culte du poulet » avec une insistance surprenante, répétant inlassablement : « rejoins-nous ». Approchant chacun avec détermination, ils tentaient de convertir les autres participants à cette identité improbable et humoristique.

Ce qui a commencé comme une scène amusante a rapidement pris la forme d'une expérience sociale. Certains joueurs, soucieux de préserver leur individualité, ont résisté en adoptant des avatars de chevaliers, symbolisant leur refus de se plier à cette uniformisation. Mais peu à peu, les rangs des poulets grandissant, même les derniers chevaliers ont cédé, endossant à leur tour cet avatar de poulet, comme s'il devenait impossible de résister face à l'ampleur du conformisme collectif.

L'apogée de la scène survient lorsqu'un des poulets entonne une musique entraînante, et, comme animés par une énergie collective, tous les avatars-poulets se mettent à danser en cadence. Ce moment de célébration, où chacun devient l'exact reflet des autres, illustre cette force de cohésion qui s'impose dans les espaces virtuels, où la similitude devient soudain une valeur en soi.

Derrière l'humour de cette histoire se dessine une réflexion plus profonde sur la pression sociale, l'identité et l'homophilie même dans des environnements où l'on pourrait s'attendre à une valorisation de l'individualité. Le besoin d'appartenance peut mener à une surprenante uniformité. Les choix identitaires, guidés par ce désir de ressemblance et d'appartenance à un groupe. Cela pousse les visiteurs à se rassembler autour de symboles et de codes partagés, même les plus absurdes ou arbitraires. L'identité personnelle est donc parfois prise dans une identité de groupe.

Dans un registre un peu différent, le métavers ajoute une nouvelle couche d'influence avec la possibilité d'accumuler des « marqueurs de prestige » à travers des badges, des vêtements rares, ou d'autres objets exclusifs. Ces éléments, visibles et souvent convoités, signalent non seulement le temps et les efforts investis sur la plateforme, mais servent aussi de témoins d'une forme de réussite. Par conséquent, la manière dont nous nous percevons est modulée par notre capacité à acquérir et afficher ces symboles de statut. Tout comme dans le monde réel, cette quête de reconnaissance peut nous inciter à adopter des comportements conformes aux attentes d'un groupe pour espérer y appartenir.

Ce phénomène pourrait même traverser la barrière entre le virtuel et le réel. Si, en ligne, un individu parvient à construire une identité de prestige, il est envisageable qu'il cherche à transposer cette image dans sa vie quotidienne. Il n'est pas rare de croiser des membres des communautés

Bored Apes[1] ou World of Women arborer dans le monde réel des vêtements ou des bijoux à l'effigie de leur NFT. Ces objets, bien plus que de simples accessoires, servent de signes distinctifs, permettant à leurs porteurs de s'identifier et de se reconnaître entre eux. Cette dynamique d'influence réciproque — entre notre présence numérique et notre moi réel — soulève des questions encore largement inexplorées.

Vous avez évoqué que les normes sociales, tout comme les mécanismes du jeu, influencent nos expériences. Cependant, cette flexibilité propre à l'espace virtuel pourrait-elle, à l'inverse, modifier certaines normes sociales et contribuer à leur évolution ?

Le métavers, par sa capacité à simuler des expériences d'une intensité parfois insoupçonnée, se présente comme un véritable laboratoire social. C'est un espace où, paradoxalement, la flexibilité de l'identité nous permet d'incarner des rôles, des situations, des réalités bien éloignées de notre quotidien, mais qui, à travers l'expérience, ouvrent la porte à une compréhension inédite de l'autre. Imaginez un homme qui, pour la première fois, incarne une femme et se retrouve confronté aux harcèlements qu'elle subit. Ou un individu valide qui, plongé dans un corps en situation de handicap, se heurte aux obstacles d'une ville où chaque marche devient un mur. L'émotion, cette étincelle

---

[1] Les Bored Apes, ou *Bored Ape Yacht Club (BAYC)*, sont une collection de NFT (jetons non fongibles) créée par Yuga Labs en 2021. Chaque Bored Ape est une œuvre d'art numérique unique représentant un singe au style décalé. Ces NFT sont devenus des symboles de statut dans le monde des crypto-actifs et donnent accès à une communauté exclusive, des événements privés et des avantages numériques.

qui nous relie à notre humanité, naît alors de l'incarnation, faisant du métavers non pas un simple jeu, mais un vecteur de prise de conscience.

Cette capacité à se projeter à la place de l'autre, à vivre en partie ce que l'autre vit, pourrait bien être un levier d'évolution. Là où les sensibilisations traditionnelles peinent parfois à atteindre le cœur, l'immersion virtuelle place l'individu au centre de l'expérience. Il ne s'agit plus simplement d'observer, mais de ressentir – un effet miroir, un pont où l'empathie n'est plus une simple invitation, mais une réalité concrète, palpable, qui s'imprime dans la mémoire presque comme du vécu.

Nous ne sommes donc pas face à un territoire à sens unique ; il renvoie autant d'influences que nous lui en offrons. C'est un espace où les usages, les gestes et même les modes se propagent et résonnent jusqu'à franchir les frontières du virtuel. Une danse exécutée par des avatars sur Spatial.io devient rituel, et bientôt, elle s'incarne dans les rues de nos villes. Un code vestimentaire bariolé, fluorescent dont les audaces auraient été autrefois impensables, gagne en légitimité. Un exemple marquant est la collection présentée en 2023 par la marque de luxe Loewe, intitulée « Pixel[1] ». Cette série de vêtements, bien réels, crée une illusion saisissante d'être pixélisés, brouillant les frontières entre le physique et le virtuel. Clairement inspirée par des univers comme Roblox et le pixel art, cette collection reflète

---

[1] https://www.loewe.com/eur/fr/stories-collection/pixel-perfect.html

l'intégration de l'esthétique numérique dans le monde de la mode traditionnelle, mettant en lumière l'interaction entre culture digitale et création artistique.

On ne peut négliger le fait que ces mondes numériques, où tout semble possible, où les règles se dessinent au fil des interactions, finissent par influer sur notre culture et nos normes.

Vos propos suggèrent que les possibilités d'incarnation et d'expression dans ces univers sont infinies. Pourtant, chaque métavers impose des règles et des cadres qu'il est impossible de contourner. Est-ce toujours le cas, ou cette vision est-elle désormais dépassée ?

L'espace virtuel est-il vraiment façonné, ou plutôt en perpétuel façonnement ? Dans cet univers, il faut se demander par qui, et sous quelles contraintes, ces mondes sont-ils conçus. Car chaque plateforme est a priori le fruit de choix, de limites imposées par des créateurs – des choix qui, s'ils ouvrent la porte à de nouvelles formes d'expression, n'en limitent pas moins l'étendue de l'expérience humaine.

Les plateformes métaversiques ne se limitent pas à offrir une simple sélection ; elles présentent également un espace brut, une toile sur laquelle chaque participant peut déposer une trace de son esprit. Bâtir un avatar, l'habiller, lui donner une identité visuelle, c'est aussi construire une identité numérique qui s'élabore au fil des échanges, des choix et des objets qui se multiplient. Cette dimension collective, où chaque créateur apporte une contribution et chaque utilisateur explore de nouvelles réalités, révèle une dynamique évolutive. Ce n'est pas seulement un processus de modelage passif, mais une co-construction d'un espace en transformation, où les identités se forment et se défont.

Existe-t-il des risques associés à l'adoption des identités multiples dans le monde virtuel ?

S'immerger dans une autre identité, se glisser dans la peau d'un avatar, ouvre un espace de liberté inattendu, où l'on peut explorer des parties de soi qui, dans la vie quotidienne, resteraient à jamais en veille. Cependant, cette aventure dans le monde virtuel n'est pas exempte de périls. Que devient l'individu lorsque l'ombre du simulacre vient s'entrelacer avec son être véritable ? Au fil des heures passées dans cette existence alternative, un déséquilibre peut émerger entre ce que l'on est et ce que l'on aspire à devenir, entre l'ancrage dans le monde tangible et la projection dans un univers qui semble nous échapper.

Cette échappatoire aux contraintes du quotidien se mue en tentation, offrant aux esprits en quête de répit une véritable porte de sortie. Ce remède, porteur d'une promesse de liberté, peut paradoxalement devenir une source d'addiction incitant certains à fuir leurs difficultés en y trouvant un exutoire facile. Ce monde d'artefacts, de quêtes et de possessions, qui semblent à première vue n'avoir aucune existence, commence pourtant à interférer avec la réalité.

Pour saisir pleinement à quel point les espaces virtuels sont désormais perçus comme crédibles et tangibles, il convient d'explorer la question de la possession et de la valeur attribuée aux biens virtuels.

Chapitre 5
La possession

« Les trésors virtuels que tu accumulais n'ont pas résisté
à la volatilité du temps. »

Parler de possession autour du métavers suggère qu'il puisse exister de multiples types de biens qui s'échangent. Que peut-on concrètement posséder dans le métavers ?

Même si le métavers est encore en phase de développement, il permet déjà d'acquérir une grande variété de biens. On peut y acheter des avatars personnalisables, des vêtements et accessoires. Ces derniers sont parfois issus de marques comme les sacs Gucci, des tenues Zara ou des chaussures Nike.

La mode virtuelle est un segment de marché très en vogue. Zara a exploré le métavers en collaborant avec la plateforme sud-coréenne Zepeto, élaborant plusieurs collections phygitales disponibles à la fois physiquement et numériquement. Parmi celles-ci, la collection « Lime Glam » en 2022, inspirée des nuits estivales, et « Fairy Magic Idols » en 2023, axée sur des motifs printaniers, permettent aux utilisateurs d'habiller leurs avatars avec des vêtements Zara, comme des robes satinées, des vestes en denim ou des T-shirts ornés.

Nike a mis en place un système permettant aux détenteurs de certains modèles physiques de baskets d'obtenir une version numérique équivalente, destinée à leur avatar dans les mondes virtuels. Ce modèle reproduit fidèlement le design de la chaussure physique, offrant une continuité entre le monde réel et numérique, renforçant l'identité de la marque dans les deux sphères.

Le secteur de l'immobilier virtuel offre également des options diverses, allant des parcelles de terrain aux villas entièrement meublées, avec un choix varié de mobilier d'intérieur disponible à l'achat. La location y est également possible pour par exemple accueillir un évènement dans la grande salle de conférence.

Enfin, le marché de l'art y est également bien représenté, incluant à la fois des reproductions d'œuvres célèbres en partenariat avec des musées[1] mais également des créations originales en 2D ou en 3D d'artistes contemporains.

Qu'est-ce qui, au-delà de cette variété et des marques impliquées, apporte une véritable valeur aux bien virtuels ?

La valeur des biens virtuels repose sur la chaîne de blocs, qui confère aux objets numériques une rareté et une unicité jusqu'alors impensables. Ce sont les jetons non fongibles (NFT), au cœur de cette révolution, qui inscrivent dans la chaîne de blocs des caractéristiques, inaltérables et traçables de chaque bien. Identifié de manière unique et attaché à un propriétaire, le bien virtuel ne peut plus simplement être copié comme une image sur Internet, et personne d'autre ne peut se l'approprier.

Imaginez, par exemple, l'acquisition d'une parcelle virtuelle dans un environnement comme Decentraland : l'acte d'achat vous garantit, de manière irréfutable, la propriété

---

[1] Voir par exemple l'entreprise française La collection https://www.lacollection.io

exclusive d'un terrain qui sera inscrite de façon transparente et immuable dans un registre commun, une base de données décentralisée non modifiable et consultable publiquement. La chaîne de blocs, en élevant les objets numériques au statut de biens authentiques, installe un pont entre la possession physique et la possession virtuelle.

Pour comprendre cette dynamique, il est éclairant de revenir sur l'exemple historique de la « monnaie de pierre » utilisée il y a plusieurs siècles sur l'île de Yap, dans l'archipel des États fédérés de Micronésie. Là-bas, la monnaie, appelée « Rai », se présentait sous forme de disques de pierre, parfois gigantesques, pouvant atteindre quatre mètres de diamètre et peser plusieurs tonnes. Impossible de les transporter facilement ou de les dissimuler. Pourtant, ces imposantes pierres symbolisaient bel et bien une forme de richesse. Elles étaient exposées publiquement, de sorte que la communauté entière pouvait voir à qui elles appartenaient. Lorsque survenait un échange, les habitants se réunissaient, reconnaissaient collectivement le transfert de propriété d'une pierre en échange d'un bien ou d'un service et s'en souvenaient, sans qu'aucune autorité centrale ne doive l'enregistrer. Ce fonctionnement reposait sur une mémoire collective, garantissant l'authenticité et la légitimité des transactions, puisque ces pierres ne pouvaient être falsifiées.

La chaîne de blocs s'inspire de ce principe en l'adaptant à l'ère numérique. Elle ne repose plus sur des pierres inamovibles, mais sur des blocs de données infalsifiables reliés entre eux par des calculs cryptographiques. Comme pour les pierres Rai, aucune entité centrale n'est nécessaire :

c'est l'ensemble des utilisateurs qui vérifie et atteste la validité des transactions. Chaque opération, inscrite dans un bloc, est ainsi visible de tous et ne peut être modifiée sans mettre en péril la cohérence de la chaîne. Cette transparence et cette sécurité, assurées par la décentralisation du réseau et la puissance de calcul des « mineurs », recréent dans l'univers numérique l'atmosphère de confiance collective qui régnait autrefois sur l'île de Yap.

En éliminant les intermédiaires et en assurant une traçabilité totale des échanges, la technologie de la chaîne de blocs (*blockchain*) instaure un climat de confiance inédit dans les transactions virtuelles. Pour la première fois, un individu peut acquérir, céder ou échanger des monnaies et des biens numériques sur un marché mondial, sans que des frontières ou des autorités centrales n'interviennent. C'est cette architecture décentralisée, sans point de contrôle unique, qui a rendu possible la création du Bitcoin en tant que cryptomonnaie. Dans une évolution ultérieure, le même principe a permis l'émission de jetons non fongibles (NFT), des unités numériques uniques, non interchangeables entre elles. Cette caractéristique offre de nouvelles perspectives sur la nature même de la propriété numérique, faisant émerger un système où chaque actif est singularisé par ses propres attributs, vérifiables et sécurisés par la *blockchain*.

La valeur des biens numériques découle principalement de la rareté programmée, qui réplique un phénomène bien ancré du le monde tangible : l'objet rare, exclusif, devient désirable. Cet attrait se double souvent d'un prestige, un besoin de différenciation sociale. Dans le métavers, posséder un bien virtuel, qu'il s'agisse d'une œuvre d'art, d'un vêtement ou d'un domaine virtuel, équivaut à un symbole de statut qui s'intègre dans notre identité numérique. Ce phénomène de possession nous ramène à une réalité économique où les valeurs symboliques et financières se mêlent, où la chaîne de blocs permet à la propriété d'atteindre un degré de sécurité et de légitimité comparable, voire supérieur, à celui des biens physiques.

Vous mentionnez la blockchain pour la gestion des biens virtuels, mais les objets numériques personnels existaient déjà auparavant. Pourriez-vous expliquer les différences entre ces deux approches de la gestion de la propriété dans les mondes virtuels ?

Avant l'arrivée de la chaîne de blocs, la propriété virtuelle dépendait de structures centralisées, comme celles que l'on trouve dans les jeux vidéo et les plateformes en ligne. Le modèle centralisé est d'ailleurs toujours très largement dominant dans le secteur.

Dans des jeux vidéo comme World of Warcraft ou Fortnite, les joueurs peuvent acquérir des biens virtuels – des équipements, des tenues, des armes – mais ces objets restent sous le contrôle de l'éditeur. Le joueur ne possède pas réellement l'objet en dehors de la plateforme ; il ne peut en prouver la propriété au-delà du cadre d'origine. Il n'a donc de valeur que pour les membres de l'écosystème spécifique.

Un autre exemple est celui de The Sims, où les joueurs peuvent acheter des meubles ou des éléments d'habillage pour leur personnage, mais sans véritable propriété décentralisée : tout appartient à l'éditeur, et l'accès aux biens est perdu si la plateforme devient obsolète ou ferme ses serveurs.

L'absence d'interopérabilité entre les plateformes reste une limite majeure de cette approche centralisée. Un bien acquis sur une plateforme reste souvent incompatible ailleurs, enfermant les utilisateurs dans des écosystèmes cloisonnés. Cette fragmentation restreint la liberté des utilisateurs, les obligeant à s'engager dans des environnements cloisonnés où chaque plateforme impose ses règles et limites, réduisant l'utilité et la valeur des biens acquis.

La centralisation repose sur une confiance presque instinctive envers l'autorité émettrice (p.ex. Blizzard Entertainment, Epic Games), celle-là même qui atteste de la propriété et en garantit la pérennité. Pourtant, cette confiance reste fondamentalement précaire : qu'advient-il lorsque l'institution vacille, ou qu'elle change les règles à sa convenance, rendant éphémère ce qui fut un jour considéré comme un acquis stable ?

La chaîne de blocs transforme cette dynamique, offrant une alternative où la confiance n'est plus concentrée dans les mains d'un acteur, mais distribuée à travers un réseau. Ici, la notion de propriété se redéfinit dans une architecture décentralisée, où chaque transaction, chaque preuve de possession, est scellée de manière permanente et immuable. L'individu n'est plus tributaire d'une seule entité ; il participe à un système où la pérennité de la possession repose non plus sur la bonne foi, mais sur la rigueur inflexible du code[1]. Code qui devient lui-même auditable en toute transparence par le public.

Deux conceptions de la propriété se dessinent donc : la première, centralisée, repose sur une confiance totale entre les participants et un éditeur central qui détient l'autorité sur les objets numériques. La seconde, décentralisée, établit une relation directe et inaltérable entre les individus et leurs créations numériques, où chaque propriétaire conserve un contrôle absolu sur ses biens sans intermédiaire. Entre permanence et souplesse, le choix ne dépend pas uniquement de préférences technologiques, mais aussi de la manière dont nous souhaitons que notre identité numérique se construise et s'inscrive dans le temps.

Quel rôle jouent les monnaies virtuelles, et en quoi leur gestion via la blockchain les rend-elle indispensables à ces écosystèmes numériques ?

Certaines plateformes adoptent des modèles économiques traditionnels, où des devises telles que l'euro ou le dollar sont échangées contre des jetons internes, utilisables uniquement dans leur environnement. C'est le cas pour la plupart des applications mobiles avec des achats in-app[2]. Ce système génère une économie de plateforme fermée, dans

---

[1] Le terme code fait ici référence aux smart contracts (ou contrats intelligents), des programmes informatiques auto-exécutables enregistrés sur une *blockchain*, qui garantissent l'application automatique de règles prédéfinies sans nécessiter l'intervention d'un tiers de confiance.
[2] Le terme in-app désigne des achats effectués directement au sein d'une application ou d'une plateforme numérique, sans avoir à quitter celle-ci.

laquelle l'argent fiduciaire sert de point d'entrée sans possibilité de retrait. Cela enferme les utilisateurs dans un cycle de consommation exclusif à la plateforme, les obligeant à y dépenser leurs jetons. Roblox, par exemple, utilise les « robux », et Zepeto les « zems », plutôt que des cryptomonnaies. Cette approche contourne les contraintes liées à l'achat et à la détention de cryptomonnaies, souvent réservées aux personnes majeures, et facilite l'accès à un public plus jeune. On estime que l'âge moyen des utilisateurs du métavers se situe autour de 14 ans, avec un fort noyau d'utilisateurs âgés de 14 à 24 ans.

L'apparition des cryptomonnaies dans le métavers constitue une évolution à la fois discrète et déterminante. Des univers virtuels tels que Decentraland, avec son jeton MANA, The Sandbox avec son SAND, ou Somnium Space avec le CUBE, illustrent une alliance inédite entre le tangible et l'intangible. Les cryptomonnaies, obtenues au sein de ces environnements, peuvent circuler au-delà de leurs frontières numériques, s'échanger et se revendre librement. Ce mécanisme alimente une véritable économie de la création, dans laquelle la valeur produite ne se limite plus à un seul univers, mais peut s'intégrer dans l'économie réelle et y prendre pleinement forme.

Prenons le Sand de The Sandbox, il est bien plus qu'un simple moyen d'échange. Cette cryptomonnaie permet aux utilisateurs d'acquérir et de vendre des terrains virtuels, mais également de créer des actifs numériques, de financer et monétiser des jeux. En misant leur Sand, les utilisateurs peuvent également générer un revenu passif et accéder à des expériences exclusives. Véritable moteur de l'écosystème, le Sand rend possibles la création, l'interaction et la monétisation dans un monde numérique où chaque choix prend une dimension tangible.

La monnaie devient la clé d'une économie fluide, sans centre ni frontière, où les utilisateurs, jusque-là simples spectateurs, peuvent créer de la valeur et obtenir en retour une rétribution pour leur travail.

La chaîne de blocs et les jetons associés introduisent également des mécanismes de gouvernance nouveaux, ancrés dans la communauté même des utilisateurs, où chacun peut avoir une voix dans la gestion et l'évolution de la plateforme. En possédant ces jetons, l'utilisateur n'est pas seulement consommateur mais devient, en quelque sorte, gestionnaire de la plateforme, avec un droit de regard et de vote : c'est le principe de ce que nous appelons les organisations autonomes décentralisées mais nous aurons l'occasion d'y revenir plus tard.

Vous dites que la blockchain apporte une certaine transparence à l'économie du métavers. Pourriez-vous nous donner grâce à cette transparence un aperçu de l'état actuel de cette technologie ? Par exemple, comment évoluent les prix des terrains virtuels dans les environnements numériques ?

Grâce à la *blockchain*, il est possible de suivre les cours des monnaies métaversiques et de connaître la valeur exacte des parcelles de terrain virtuel[1]. Des agences immobilières virtuelles ont même vu le jour, permettant aux clients d'identifier les propriétés qui correspondent le mieux à leurs besoins.

En observant les données, on constate que les monnaies des principaux métavers sont particulièrement volatiles. Par exemple, le MANA de Decentraland, qui avait atteint 5,85 dollars au sommet de sa popularité, ne vaut aujourd'hui plus que 0,35 dollar. De même, de nombreuses autres cryptomonnaies ont connu une hausse fulgurante durant la période d'engouement, suivie de baisses significatives en raison de divers événements dans l'écosystème. Le SAND de The Sandbox, par exemple, est passé de son sommet historique de 8,34 dollars le 25 novembre 2021 à environ 0,264 dollar actuellement. Cela a souvent un impact sur les créateurs, qui sont généralement plus nombreux et plus actifs en période d'engouement qu'en période de creux.

Pour créer une expérience immersive dans le métavers, les marques et créateurs doivent parfois acquérir des terrains virtuels, rendus précieux par leur rareté : dans la plupart des mondes virtuels, le nombre de parcelles est limité et prédéfini, assurant leur exclusivité. En 2021, au sommet de la spéculation, de nombreuses marques, craignant de manquer une opportunité stratégique, se sont empressées

---

[1] Pour obtenir un tableau de bord interactif et des données fiables sur cette économie, vous pouvez utiliser Dune :
https://dune.com/binarybuddha/metaverse-market-landscape

d'acheter des terrains bien situés dans des plateformes populaires comme Decentraland. Cette frénésie rappelait celle de l'achat des noms de domaine aux débuts du Web.

La demande et l'engouement spéculatif ont rapidement fait grimper les prix, créant une bulle immobilière numérique. Aujourd'hui[1], la tendance est à la correction, avec une baisse de près de 70 % de la valeur des terrains virtuels sur les principales plateformes du métavers, signalant un retour au calme après un engouement initial. Notons qu'un terrain virtuel peut générer de la valeur de deux manières : par le prestige et la rareté de l'emplacement virtuel, mais aussi par les interactions qu'il offre, en tant qu'espace de socialisation ou même de divertissement.

La capitalisation totale du marché des terrains virtuels sur les 30 derniers jours est actuellement estimée à 93 millions de dollars pour les cinq principaux métavers : Somnium Space, Otherdeed, Voxel, Decentraland et The Sandbox. Parmi eux, Otherdeed, Decentraland et The Sandbox se démarquent. Fin 2024, le terrain le moins cher de Decentraland est proposé à environ 250 dollars. Nous sommes loin des excès de 2021, lorsque Republic Realm avait acquis un terrain dans The Sandbox pour la somme record de 4,3 millions de dollars.

---

[1] La volatilité jouant son rôle, au moment où je relis ces lignes, les tarifs ont de nouveau augmenté et les cryptomonnaies sont en forte hausse.

La forte volatilité des marchés dans cet écosystème attire une grande diversité de profils d'investisseurs, allant des particuliers aux acteurs institutionnels[1]. Cette volatilité, souvent perçue comme un risque par certains, représente pour d'autres une opportunité d'obtenir des rendements élevés en un temps relativement court. Parmi eux, des investisseurs adoptent des stratégies spéculatives, cherchant à capitaliser sur les fluctuations à court terme des actifs. Ils tentent d'anticiper les mouvements de marché en fonction de divers facteurs, tels que les annonces de mises à jour technologiques des *blockchains*, les évolutions de la *tokénomique*[2], les indicateurs macroéconomiques, ou encore le lancement de nouveaux projets.

Ces fluctuations rapides et parfois imprévisibles amplifient l'incertitude, non seulement pour les investisseurs, mais aussi pour les observateurs extérieurs. Pour un public non initié, ce marché peut paraître opaque et difficile à comprendre, notamment en raison de l'importance accordée à des éléments techniques ou à des événements exogènes qui influencent directement les prix. Cette situation suscite parfois de la méfiance. Ces marchés

---

[1] Bien que les cryptomonnaies ne soient pas au cœur de cet ouvrage, il est important de noter leur institutionnalisation croissante. Les États et les géants de la finance se positionnent de manière significative, comme en témoigne l'approbation d'ETF Bitcoin par les régulateurs et l'autorisation donnée à des fonds institutionnels d'investir dans ces actifs. Cette évolution reflète leur intégration progressive dans le système financier traditionnel.

[2] Étude des mécanismes économiques et des dynamiques d'émission, d'utilisation, et de gestion des jetons dans un écosystème, incluant leur impact sur la valeur et les incitations des participants.

apparaissent dominés par la spéculation plutôt que par des investissements fondés sur des bases solides. Pourtant, les deux coexistent et se complètent.

La blockchain apporte une certaine transparence à l'économie du métavers, permettant de suivre les cours des monnaies et d'évaluer précisément la valeur des terrains virtuels. Cette transparence offre un aperçu des dynamiques économiques qui sous-tendent ces environnements. Mais au-delà des chiffres, comment la spéculation influence-t-elle la perception de la valeur réelle et virtuelle ?

La chaîne de blocs est un témoin impartial de chaque transaction, créant une forme de légitimité tout en offrant un terrain de jeu idéal pour les spéculateurs. Cette transparence permet à certains d'anticiper les tendances et même de manipuler artificiellement le marché. En conséquence, des groupes peuvent s'organiser pour faire circuler un bien entre eux, créant une illusion de demande et gonflant artificiellement la valeur perçue[1]. Cette pratique, dans sa simplicité, redéfinit ce que nous appelons valeur : non plus un attribut objectif, mais une projection collective, fragile et instable, nourrie par le désir d'enrichissement rapide.

Dans le cadre de nouvelles collections de biens virtuels sous forme de jetons non fongibles, les plateformes comme

---

[1] Ce phénomène est connu sous le nom de wash trading. Il s'agit d'une pratique consistant à effectuer des transactions artificielles, souvent entre des comptes liés, pour donner une illusion de volume ou de demande sur un actif. Cette méthode, bien que trompeuse, vise à manipuler les prix ou à attirer l'attention.

OpenSea[1] ou dYdX proposent une catégorisation par différents indicateurs visant à refléter l'attrait du public pour la collection, et à orienter les visiteurs de manière similaire à un moteur de recherche. L'un de ces indicateurs est le volume de transactions généré par les items virtuels. Pour apparaître en tête de liste, certains individus, disposant de cryptomonnaies en quantité, peuvent acheter et revendre ces items au sein d'un même groupe pour en augmenter artificiellement le volume de transactions. Cette manipulation est facilitée par la possibilité de diviser un portefeuille virtuel en plusieurs portefeuilles distincts[2], rendant le traçage de ces transactions complexe malgré la transparence. Ainsi, un visiteur trompé par des indicateurs attrayants peut être incité à investir dans un bien qui, en réalité, ne possède ni valeur intrinsèque ni reconnaissance communautaire.

Pour les non-initiés, cette spéculation entraîne une difficulté à démêler ce qui est réellement précieux de ce qui est purement illusoire. Des utilisateurs souhaitant rejoindre le prestigieux club des Bored Apes ont été dupés en achetant des items similaires provenant d'une fausse collection. Cette collection contrefaite, ayant généré un faux volume de transactions, a réussi à se rendre visible sur la place de marché, trompant des acheteurs en quête d'appartenance à

---

[1] OpenSea est une plateforme où l'on peut acheter, vendre et échanger des objets numériques (NFT) qui couvrent diverses catégories telles que l'art, le gaming, les PFPs (profile pictures), la photographie et la musique, le tout basé sur la technologie *blockchain*. https://opensea.io
[2] On dénomme cela le fractionnement de portefeuille.

ce club. Les fausses collections exploitant la popularité de collections renommées se multiplient, augmentant les risques pour les acheteurs non avertis.

Tout cela fragilise l'accès du grand public à certains objets, car ils deviennent inaccessibles en raison de leur valorisation spéculative, et expose également au risque de désillusion.

Dans cette fusion entre réel et virtuel, il faut se demander ce qui persiste une fois la spéculation dissipée. Là réside peut-être la distinction entre les biens de passage et ceux qui, en dépit de leur immatérialité offrent une réelle utilité.

Nous comprenons l'importance de préserver la propriété et la rareté de ces objets, ainsi que les risques de spéculation qui y sont associés, mais peuvent-ils incarner une forme d'utilité ?

Les objets numériques dans le métavers empruntent certains codes du marché du luxe, où l'esthétique, la rareté, et l'utilité jouent un rôle. Les marques de luxe, d'ordinaire prudentes face aux bouleversements technologiques, ont perçu dans le métavers une chance d'allier leur aura aux valeurs du métavers et du Web 3[1]. Les objets virtuels deviennent des symboles identitaires, des marqueurs de prestige qui

---

[1] Le Web 3 désigne une nouvelle génération de web basée sur la chaîne de blocs, visant à redonner aux utilisateurs le contrôle de leurs données et interactions en ligne. Contrairement au Web 2, dominé par des plateformes centralisées, le Web 3 repose sur des principes de décentralisation, de transparence et d'interopérabilité, intégrant des technologies comme les cryptomonnaies, les contrats intelligents et les jetons numériques.

témoignent de la place de chacun dans l'univers numérique, tout en évoquant des codes sociaux. C'est déjà une forme d'utilité, mais cela va bien au-delà.

La collection NFT World of Women (WoW) a été créée pour rassembler une communauté célébrant la représentation, l'inclusivité et l'égalité des chances. Alors que les femmes artistes ne représentaient que 5 % de toutes les ventes d'art NFT au cours des 21 mois précédant novembre 2021, WoW a permis l'émergence d'une vague féministe au sein de l'écosystème, soutenue par des figures publiques telles que Reese Witherspoon[1]. L'appartenance à ce groupe a conduit à une entraide remarquable entre des figures féminines de l'écosystème, renforçant une solidarité et une collaboration sans précédent. Ce succès montre que, bien au-delà de l'esthétique et de la rareté, ces objets peuvent incarner des valeurs sociales fortes et devenir des outils d'expression identitaire pour leurs propriétaires.

Posséder un objet dans le métavers peut offrir une utilité spécifique comme l'accès à une expérience ou un espace privilégié. Dans Decentraland ou The Sandbox certains objets donnent accès à des espaces exclusifs ou confèrent des avantages particuliers, comme des réductions ou des bonus. Dans Decentraland, porter un item de la collection ICE Poker - Casino Collection, tel qu'un T-shirt de la marque, permet d'accéder au casino privé géré par

---

[1] Reese Witherspoon est une actrice et entrepreneuse américaine, fondatrice de la société de production Hello Sunshine, qui valorise des histoires centrées sur les femmes dans le cinéma, la télévision et l'édition.

Decentral Games. Certains de ces items étant rares, et les gains potentiels élevés pour les bons joueurs de poker, des utilisateurs prêtent même leurs tenues pour des sessions de jeu. Cette approche renforce la dimension fonctionnelle de l'objet et valorise sa possession bien au-delà de son aspect esthétique.

Certains objets ont aussi une valeur sentimentale similaire aux souvenirs. Les utilisateurs conservent ainsi des objets non pas pour leur valeur monétaire ou utilitaire, mais parce qu'ils représentent des moments marquants ou des identités auxquels ils tiennent. Cet attachement émotionnel, ajouté à l'esthétique et à l'utilité, enrichit la valeur perçue des biens numériques dans un environnement où l'avatar devient une extension de soi, portant avec lui des symboles de liberté et d'évasion.

J'ai observé, dans le cadre de mes recherches sur Decentraland, l'attachement des participants aux vêtements virtuels associés à des événements auxquels ils ont pris part. Par exemple, un t-shirt souvenir de la *Metaverse Fashion Week* ou un article de mode aux couleurs arc-en-ciel porté lors du *Metaverse Pride Month* est conservé beaucoup plus longtemps en raison de la symbolique qu'il représente.

Cette tendance dépasse le cadre du métavers en offrant une nouvelle façon de conserver, grâce à la *blockchain*, des événements de notre vie réelle afin de les pérenniser. C'est précisément ce que propose le protocole POAP (Proof of Attendance Protocol), qui permet de créer une collection de souvenirs numériques obtenus lors d'expériences vécues :

une rencontre avec un dirigeant ou un entrepreneur, la participation à un colloque, ou encore la visite d'une destination peuvent être immortalisées par l'émission d'un jeton souvenir. Il suffit de scanner un code ou une carte NFC, localisée sur place, pour inscrire ce souvenir sur la chaîne de blocs. Ce même procédé s'applique aux événements en ligne et même dans le métavers, où il est possible d'obtenir un souvenir numérique en visitant un espace virtuel spécifique.

Enfin, les parcelles virtuelles ne se limitent pas à de simples éléments d'un jeu, mais s'inscrivent désormais dans une véritable économie avec des implications financières tangibles. Posséder un espace virtuel équivaut à disposer de ressources d'infrastructure, garantissant qu'une expérience développée puisse rester accessible en permanence aux visiteurs. En transcendant les jeux vidéo traditionnels, où les objets virtuels n'avaient de valeur que tant que le joueur était connecté, la chaîne de blocs permet à ces biens de posséder une existence qui dépasse les limites du virtuel pour s'inscrire de manière durable.

Il est même possible d'associer un produit physique à un jeton numérique grâce à la tokenisation des actifs réels[1]. Cette technologie englobe des actifs financiers et tangibles

---

[1] Ce concept est désigné sous le terme *Real World Assets* (RWA), qui fait référence à la tokenisation d'actifs physiques ou financiers. Cette tokenisation permet de représenter numériquement des biens tels que des immeubles, des œuvres d'art ou des titres financiers, rendant leur échange et leur gestion plus accessibles et efficaces.

et permet également de conférer une existence numérique à des objets physiques, tels que des produits industriels ou de luxe. D'ici dix ans, le marché des actifs tokenisés est estimé à atteindre une valeur de 10 milliards de dollars, grâce à la sécurisation des transactions et à l'authentification garantie par la *blockchain*.

En ce qui concerne le marché de l'art et de la mode, la tokenisation peut reposer sur l'intégration discrète d'une puce NFC dans un objet physique — par exemple, sous la couche de peinture d'une œuvre d'art ou dans la doublure d'un sac de luxe. Cette puce est liée à un « jumeau numérique » : une représentation de l'objet, telle qu'une photo ou des métadonnées, enregistrée sur la *blockchain*.

Ce processus garantit l'authenticité de l'objet et assure une traçabilité complète de sa chaîne de possession. Des entreprises comme OwnerChip exploitent cette technologie pour certifier et tokeniser des articles permettant aux utilisateurs de vérifier leur authenticité via une application mobile. En scannant la puce NFC avec un smartphone, ils accèdent aux détails du produit et à son certificat numérique sécurisé. Ce système facilite les transactions sur les marchés secondaires grâce à une certification numérique.

On peut facilement imaginer que ce type de jetons puisse se retrouver dans nos espaces virtuels tout autant que dans nos espaces de vie encourageant une possession unique pour les deux espaces ou un objet réel est associé à un item virtuel de manière certifiée.

Comment les marques intègrent-elles le métavers dans l'expérience client, et en quoi cet univers numérique transforme-t-il leur manière d'interagir avec leurs consommateurs ?

Tout d'abord, les plateformes traditionnelles évoluent pour offrir des expériences d'achat enrichies, comme en témoignent les initiatives d'Amazon. Avec Amazon Beyond[1], des showrooms virtuels en 3D, tels que le « Virtual Holiday Shop » et le « Hogwarts Shop[2] », permettent aux clients d'explorer des produits dans un environnement interactif.

Contrairement aux listes classiques où les articles sont alignés les uns sous les autres, ces showrooms disposent les objets dans des décors personnalisés, conçus pour mettre en valeur leur esthétique et créer une expérience de découverte plus immersive. Les utilisateurs peuvent visualiser les produits dans un contexte plus attrayant, et en cliquant sur un article, accéder aux informations détaillées habituelles et l'ajouter à leur panier sans interrompre leur exploration. Cette approche marque une transition d'une interface purement utilitaire à une interface plus intuitive, engageante et visuellement agréable.

Le showroom virtuel dédié à l'univers de Poudlard offre une expérience immersive et chaleureuse. Imaginez une vaste pièce accueillante, baignée par la lueur d'un feu de cheminée.

---

[1] https://www.amazon.com/beyond/
[2] Pour visiter l'espace se rendre sur : http://bit.ly/3ZJL7Ho

De grandes baies vitrées s'ouvrent sur un ciel étoilé, tandis qu'un majestueux chandelier, chargé de bougies éclaire l'espace d'une lumière douce. Dans cet univers magique, chaque recoin regorge de trésors issus du monde des sorciers. Des costumes iconiques côtoient une multitude d'objets soigneusement disposés sur des étagères ou présentés avec élégance dans la pièce. Fagnons des maisons de Poudlard, objets de décoration, et accessoires enchantés créent une atmosphère authentique et captivante. La particularité de ce showroom réside dans son interactivité : presque tous les éléments visibles, qu'il s'agisse de vêtements, d'accessoires ou de décorations, peuvent être achetés. Une véritable invitation à plonger dans l'univers magique et à repartir avec un souvenir.

Ces nouvelles expériences illustrent comment des technologies avancées font évoluer l'expérience en ligne et hybrident le parcours client. En outre, la présentation de produits en 3D, facilitée par des acteurs comme Shopify[1], améliore les taux de conversion, offrant une expérience plus engageante et immersive. Cette transformation est particulièrement marquée pour les marques de luxe, où plus de 80 % des achats en magasin sont précédés d'une recherche en ligne. Optimiser cette première étape du parcours d'achat devient stratégique pour optimiser les décisions des clients.

---

[1] Shopify, fondée en 2006 au Canada, est une plateforme de commerce électronique qui permet aux entreprises de créer et gérer des boutiques en ligne, avec des outils pour paiements, stocks et marketing.

Les marques combinent souvent des stratégies de fidélisation inspirées du monde physique avec des techniques de gamification propres à l'univers numérique. Par exemple, un individu accomplissant une série de quêtes dans le métavers peut bénéficier d'une réduction en magasin grâce à un NFT débloqué, qui sert de preuve en point de vente.

La dématérialisation de certains actifs purement virtuels, comme les vêtements ou l'art numérique, redéfinit notre perception des biens et de leur valeur. L'économie du métavers nous invite à réfléchir à une valeur d'usage détachée de l'existence matérielle, en mettant l'accent sur le potentiel expérientiel et social des objets.

Certaines entreprises adoptent des approches symboliques en transposant leurs codes et leur esthétique dans le virtuel. Gucci illustre cette stratégie avec son événement Archetypes dans le Gucci Garden sur Roblox. Les visiteurs commencent leur exploration avec un avatar vierge, qui se transforme au fur et à mesure qu'il traverse des espaces inspirés des campagnes de la marque. Ces transformations reflètent l'identité visuelle de Gucci et offrent une immersion profonde dans son univers. Cette expérience, centrée sur l'interactivité et la découverte, renforce la notoriété de la marque et suscite l'intérêt des nouvelles générations, comme la génération alpha.

Dans cette phase d'expérimentation, les marques explorent également des métavers publics, tels que The Sandbox, Decentraland ou Roblox, pour atteindre une audience plus large. Au départ, de nombreuses initiatives étaient motivées par des raisons médiatiques, comme l'investissement dans les NFT pour attirer l'attention des médias. Cependant, après des débuts souvent improvisés, une maturité émerge aujourd'hui, permettant des stratégies plus réfléchies et alignées sur les attentes des consommateurs.

Le métavers transforme l'expérience client en enrichissant les interactions grâce à des technologies immersives et à une hybridation des mondes physique et virtuel. Bien que le retour sur investissement direct reste parfois limité, ces initiatives participent à une stratégie globale de renforcement de la notoriété, de l'engagement client et de l'attractivité des marques, préfigurant une nouvelle manière de concevoir l'expérience client dans un environnement numérique.

Pour terminer cet échange au sujet de la possession, pensez-vous que le métavers offre une opportunité pour un modèle économique plus juste ?

Il incarne une double réalité, oscillant entre consumérisme et opportunité de réinventer les échanges économiques. D'un côté, la facilité avec laquelle on peut acquérir des biens virtuels risque d'encourager un consumérisme presque effréné, portant sur des biens parfois perçus comme inutiles ou superflus. C'est ce que nous avons observé lors de l'engouement initial pour les NFT. D'un autre côté, le métavers offre une chance de redistribuer les pouvoirs. Les créateurs, artistes, et artisans digitaux peuvent non seulement vendre leurs œuvres directement sans dépendance à une plateforme centrale, mais aussi capitaliser sur les ventes secondaires grâce aux mécanismes intégrés de redevances dans les contrats intelligents, ce qui représente une avancée majeure en matière de droits d'auteur et de reconnaissance des contributions. Ainsi, chaque transaction devient une opportunité de récompenser non seulement le vendeur, mais également le créateur original, assurant une forme d'équilibre. C'est une promesse qui, si elle est bien appliquée, peut amener à un modèle plus durable et respectueux des créateurs.

Si certaines plateformes mettent en avant ces aspects, d'autres, minimisent ou contournent ces dispositifs de rétribution. Ainsi, la réalité du métavers reste duale : elle appelle chaque acteur, utilisateur comme créateur, à faire un choix sur le type d'écosystème qu'il souhaite soutenir. Le métavers peut devenir une nouvelle forme de consumérisme, ou, au contraire, se transformer en espace de coopération et de co-construction, où les valeurs éthiques priment sur les objectifs purement commerciaux.

Je tiens à préciser que nous avons ici abordé une petite partie des métavers, qui ne constituent eux-mêmes qu'une fraction du Web 3. Pour obtenir un regard plus large, il faut considérer l'ensemble des secteurs qui, peu à peu, se décentralisent, et constater que la *blockchain* et le Web 3 transforment les modèles en profondeur, initiant une transformation durable.

Cependant, cette mutation soulève une question essentielle : comment garantir que ce nouveau paradigme se construise dans le respect des diversités et qu'il favorise une véritable inclusion ?

Chapitre 6
L'Inclusion

« Ici, la réalité virtuelle n'a jamais pu effacer les inégalités réelles. »

Les nouvelles technologies ont soulevé de nombreux défis en matière d'inclusion. Aujourd'hui, plus de trente ans après la création du Web, seulement 66 % de la population mondiale est connectée. Quels sont les principaux obstacles à l'accès au métavers ?

Le métavers ne peut se concevoir comme un espace accessible uniquement via des casques de réalité virtuelle. Pour avoir un impact rapide et inclusif, il doit s'appuyer sur les appareils les plus largement adoptés à ce jour, en particulier le mobile. Ce vecteur d'adoption incontournable a déjà transformé des secteurs comme le jeu vidéo, où il a considérablement augmenté le nombre de joueurs à travers le monde. Par exemple, une application comme *Candy Crush* a démontré que le secteur du jeu pouvait atteindre un public extrêmement large, sans nécessiter l'utilisation d'une console dédiée.

De nombreuses plateformes, comme Roblox, Spatial, Meta Horizon, IMVU ou Zepeto, ont adapté leur stratégie pour se déployer sur mobile, capitalisant sur la forte pénétration des smartphones, même dans les pays en voie de développement. Dans ces régions, où le taux de possession de mobiles est élevé, le métavers peut devenir accessible sans imposer de surcoût majeur.

VRChat, la plateforme emblématique de réalité virtuelle dont nous avons déjà parlé, illustre l'évolution des usages numériques face aux attentes d'un public de plus en plus diversifié. Initialement conçue pour une utilisation exclusive avec des casques de réalité virtuelle, elle a récemment élargi son accessibilité en proposant une application mobile.

Cette initiative témoigne d'une tendance plus large : celle d'un métavers en quête de simplicité d'accès et d'interopérabilité. En permettant à ses utilisateurs de rejoindre cet univers sans équipement spécialisé, VRChat contribue à remodeler les contours de ce que nous considérons comme des expériences immersives, intégrant pleinement le métavers dans le quotidien numérique.

Cela dit, si le mobile constitue une porte d'entrée, il n'offre pas l'immersion profonde promise par les casques de réalité virtuelle. Ces derniers, bien que techniquement plus avancés, restent coûteux et hors de portée pour de nombreuses populations. Comparables au prix d'un smartphone, des dispositifs comme le Meta Quest 3S offrent aujourd'hui un rapport qualité-prix inégalé, mais peinent encore à s'imposer comme des biens universels. Il paraît déraisonnable de demander à un foyer d'investir le prix d'un téléphone portable dans un appareil de réalité virtuelle, surtout lorsqu'il possède un smartphone et a déjà supporté cette dépense. Les acteurs majeurs semblent toutefois prêts à sacrifier des marges à court terme pour démocratiser ces technologies sur le long terme, en misant sur des cas d'usage qui rendront leur adoption indispensable dans certains contextes professionnels ou éducatifs.

À cela s'ajoute une réalité plus fondamentale : près de 34 % de la population mondiale n'a toujours pas accès à Internet, un chiffre qui révèle combien les infrastructures numériques restent inégalement réparties. Là où la connexion n'existe pas, le métavers demeure un concept abstrait, réservé à une minorité privilégiée.

Au-delà des équipements, le véritable obstacle réside dans l'usage lui-même. L'accès au métavers ne se limite pas à une connexion Internet ou à la possession d'un appareil ; il nécessite également des compétences et une éducation technologique[1]. Apprendre à naviguer dans ces espaces numériques, à en exploiter les potentialités et à s'y sentir à l'aise, reste un défi. Cet apprentissage, souvent acquis dans des environnements favorisés, demeure hors de portée pour beaucoup.

Dans sa forme actuelle, le métavers est un espace multiple et fragmenté, allant des smartphones aux casques VR, chacun répondant à des besoins et des contraintes différents. Mais cette diversité cache encore des exclusions profondes, ancrées dans des disparités économiques, éducatives et géographiques. Si le métavers aspire à devenir un outil véritablement global, il devra surmonter ces obstacles en proposant des solutions accessibles, inclusives et adaptées aux réalités des populations les plus défavorisées. La promesse du métavers ne pourra être pleinement réalisée qu'en réduisant ces fractures numériques et en garantissant que personne ne soit laissé de côté.

Vous soulignez que les fractures numériques actuelles limitent l'accès au métavers pour une large part de la population mondiale. Pourtant, dans vos propos, certaines initiatives semblent prometteuses. Selon vous,

---

[1] On dénomme cela la littéracie numérique.

des innovations pourraient-elles réellement transformer le métavers en un espace inclusif ?

Oui, il existe des raisons d'espérer. De nombreuses initiatives visent à combler le fossé, en apportant Internet dans des zones reculées et en développant des solutions pour des populations souvent négligées par les grandes entreprises technologiques. Plus encore, certaines caractéristiques du métavers pourraient le rendre accessible, grâce à l'intuitivité de l'immersion. L'immédiateté de l'expérience en trois dimensions, où notre esprit se plonge sans effort dans un environnement simulé, peut susciter un engagement quasi instantané, même chez les néophytes.

Si l'on revient au début de la démocratisation du numérique dans les petites entreprises, on constate à quel point la prise en main d'un clavier et d'une souris, qui semble aujourd'hui intuitive et accessible, était complexe pour ceux qui n'avaient pas grandi avec la technologie. Les ateliers d'initiation aux outils de bureautique que j'animais pendant ma thèse reflétaient clairement la fracture numérique et l'illectronisme.

Je suis convaincu que supprimer les interfaces traditionnelles simplifie l'expérience utilisateur. Le corps devient alors l'interface ultime : un pincement de doigts pour sélectionner, saisir un objet avec les mains pour le manipuler, marcher pour se déplacer dans l'espace virtuel, ou encore dicter un mail à la voix. Cette approche réduit l'apprentissage nécessaire, car nous maîtrisons instinctivement le corps comme interface avec le monde.

Nous en avons appris l'usage dès notre naissance et sommes même conditionnés pour l'utiliser de manière efficace.

Ainsi, bien que le métavers ne puisse pas, à lui seul, résoudre les problèmes structurels du fossé numérique, il possède en germe les éléments pour permettre, peut-être, de réduire cette distance et d'accroître l'inclusion numérique.

Une autre perspective est celle de la plasticité sociale. Dans cet espace virtuel, les individus peuvent se libérer des contraintes de l'apparence physique et des stéréotypes sociaux. La possibilité d'adopter des avatars, par exemple, permet de se présenter d'une manière qui transcende le sexe, l'âge, ou l'ethnicité. Cela crée un espace d'expérimentation de soi, mais aussi un lieu où, en apparence, chacun est égal dans sa capacité à être différent.

De plus, le métavers ouvre des perspectives pour l'accès à l'éducation et à la formation professionnelle, indépendamment des barrières géographiques. Imaginez une école virtuelle accessible aux enfants des zones rurales, où chacun, peu importe son origine sociale, pourrait bénéficier des ressources éducatives les plus sophistiquées et abouties.

Enfin, les espaces virtuels pourraient favoriser une prise de conscience sociale par le biais d'expériences immersives permettant aux utilisateurs d'incarner des rôles différents et de ressentir la réalité des autres, facilitant l'empathie et la compréhension interpersonnelle. Il en résulte un potentiel d'unification, certes embryonnaire, mais bien réel, où les frontières entre les groupes se redéfinissent, où l'accès à la connaissance et aux opportunités économiques peut être théoriquement universalisé.

Quels mécanismes concrets faudrait-il mettre en place pour garantir que ces technologies soient véritablement accessibles à tous ?

Ce qui est fascinant, c'est que le métavers, bien loin de se limiter à un équipement personnel, a un potentiel d'intégration dans les espaces collectifs, notamment culturels et éducatifs, où il peut véritablement s'ouvrir à une audience plus large. Imaginez les musées comme des portes ouvertes vers ces mondes virtuels, offrant la possibilité de plonger dans des expériences immersives qui transcendent les contraintes de la réalité.

Pour illustrer mon propos, laissez-moi vous raconter l'histoire de la grotte de Lascaux. Située dans le sud-ouest de la France, elle est considérée comme l'un des plus grands trésors de l'art pariétal paléolithique. Découverte en 1940 et ouverte au public en 1948, la grotte a rapidement dû être fermée en 1963 en raison des dommages causés par l'afflux massif de visiteurs. Depuis, plusieurs initiatives ont été mises en œuvre pour permettre au public de découvrir ces œuvres vieilles de 15 000 ans tout en préservant la grotte. Parmi elles figurent Lascaux II, une réplique partielle inaugurée à proximité, et Lascaux 4, un espace offrant une reproduction plus fidèle des peintures rupestres, ouvert au public depuis 2016. Cependant, même ces reproductions peuvent atteindre leur capacité maximale en haute saison.

En 2022, une nouvelle étape a été franchie grâce à la réalité virtuelle. Une version numérique de la grotte, développée par Dassault Systèmes en partenariat avec la DRAC Nouvelle-Aquitaine et la Cité de l'architecture et du patrimoine, propose une expérience immersive et interactive. Cette technologie permet aux visiteurs d'explorer les peintures d'animaux, les scènes de chasse et autres chefs-d'œuvre emblématiques de Lascaux, sans aucun risque pour l'intégrité du site original.

Cette innovation offre un accès élargi aux trésors du patrimoine mondial, tout en supprimant les contraintes géographiques et physiques. À terme, on peut imaginer que cette expérience devienne accessible à tous, gratuitement, à l'aide d'un simple casque.

La réalité virtuelle s'invite même dans des domaines où on ne l'attendait pas. Dans certains parcs aquatiques, il est désormais possible de porter un casque lors de la descente de toboggans géants[1]. Cette technologie enrichit l'expérience de glisse en plongeant les participants au cœur d'une jungle luxuriante, habitée par des animaux sauvages aux couleurs éclatantes. La glissade devient un véritable voyage sensoriel.

Dans le même élan, les écoles et les institutions éducatives adoptent progressivement ces outils, permettant aux élèves

---

[1] Par exemple https://www.polymorph.fr/home/index.php/portfolio-items/splash-vr/

d'interagir directement avec des simulations complexes. En intégrant ces technologies, l'éducation se transforme, s'adapte aux nouvelles réalités et forge une familiarité collective. Ainsi, chaque génération en vient à considérer la réalité augmentée et la réalité virtuelle comme des extensions naturelles de leur environnement.

Roblox, par exemple, connaît un niveau d'adoption particulièrement significatif parmi les jeunes générations. Si l'impact des écrans suscite parfois des préoccupations, il est important de reconnaître l'ampleur des créations qui en émergent. Roblox n'est pas simplement un jeu : c'est un espace de co-création. Les jeunes, souvent experts de cet écosystème, animent des chaînes YouTube pour partager des tutoriels sur la création d'expériences. Leur maîtrise de ces outils dépasse celle des générations précédentes, illustrant leur capacité à participer activement à la construction du métavers.

Des initiatives éducatives voient également le jour au sein de ces nouveaux environnements, où des expériences permettent d'apprendre et de développer des compétences. De la même manière que les entreprises s'installent là où se trouvent leurs clients, les enseignants cherchent à rejoindre les jeunes sur ces plateformes et à y construire des outils pédagogiques. Bien que cette évolution ne soit pas exempte de critiques, elle marque un changement de paradigme profond : l'éducation s'adapte aux nouveaux espaces numériques, redéfinissant les interactions sociales et pédagogiques.

Cette dynamique représente un levier essentiel d'adoption et d'inclusion, d'autant que l'école, en France, reste accessible à tous. En intégrant ces technologies dans le cadre éducatif, le métavers pourrait devenir un outil puissant pour réduire les fractures numériques et démocratiser l'accès à ces nouveaux espaces. Une démarche similaire avait déjà été entreprise sous diverses formes au début de l'ère numérique.

Enfin, la formation professionnelle se transforme profondément. Dans le domaine de l'aviation, que vous soyez ingénieur, pilote, opérateur de contrôle aérien, technicien chargé de la maintenance ou personnel navigant, la réalité virtuelle offre une préparation pratique et immersive, sans exposition aux risques réels. Cette technologie rend l'apprentissage plus accessible et adapté à une large gamme de métiers, contribuant à une montée en compétences efficace et sécurisée.

Ces usages montrent que le métavers, par sa flexibilité et sa capacité à simuler le réel, est bien plus qu'une technologie de loisir : il devient un outil d'apprentissage universel. Au fil des avancées, les coûts d'accès continuent de baisser, les technologies deviennent plus intuitives, et le métavers s'inscrit doucement dans notre quotidien, dessinant un avenir où chacun pourra se l'approprier, je l'espère, indépendamment de son contexte social.

Pensez-vous que le métavers puisse devenir un espace d'épanouissement pour les personnes isolées ou en situation de handicap, en leur offrant de nouvelles opportunités d'interaction et de liberté ?

Le métavers peut devenir une forme de refuge, un espace qui transcende les limites imposées par le corps et l'environnement. J'ai souvent rencontré des individus issus de régions isolées, qui trouvaient dans le métavers un lieu propice aux rencontres et au divertissement. Parmi eux, certains vivaient sous des climats hivernaux particulièrement rigoureux, comme en Alaska ou au Canada. Ces contraintes climatiques les avaient incités à se tourner vers la réalité virtuelle, transformant cette technologie en une opportunité d'évasion et de connexion.

Pour ceux que la mobilité physique restreint, le métavers offre cette illusion de mouvement, de liberté retrouvée. Ces personnes, qui dans le monde tangible peinent à franchir les obstacles du quotidien, se découvrent ici capables de participer activement à une partie de tennis de table, de s'immerger dans un jeu de poker autour d'une table où siègent des amis de tous les horizons. Leurs gestes résonnent d'une puissance nouvelle. L'avatar abolit certaines contraintes physiques et recompose une réalité où l'on peut se voir autrement.

En rejoignant la communauté des joueurs de tennis de table en réalité virtuelle[1], j'ai découvert comment l'inclusion peut émerger naturellement, portée par une passion commune. Dans cet espace, les joueurs, qu'ils soient en fauteuil ou non, évoluent dans un environnement partagé, où les règles

---

[1] Via l'application Eleven Table Tennis dont la communauté française est particulièrement active.

143

peuvent être adaptées, mais toujours dans un esprit d'égalité. Les tournois assis, loin d'être réservés aux personnes en fauteuil, offrent à chacun l'opportunité d'explorer une nouvelle façon de jouer, réduisant les barrières liées aux différences. De nombreux joueurs valides participent régulièrement à ces tournois, y trouvant une occasion unique de développer de nouvelles compétences techniques tout en favorisant une approche plus inclusive du sport.

Cet exemple montre que, lorsqu'une communauté s'unit, ce n'est pas seulement le sport qui est en jeu, mais la capacité à se rencontrer et à se comprendre au-delà des barrières visibles. L'inclusion se tisse alors naturellement, comme un lien renforçant l'expérience collective.

Cette technologie de l'évasion peut devenir un baume pour l'âme. La réalité virtuelle est parfois utilisée à l'hôpital pour aider les patients, surtout pendant des opérations sous anesthésie locale. Elle peut réduire la douleur et le stress en plongeant les patients dans des environnements relaxants ou interactifs, ce qui permet même de limiter l'usage d'anesthésiques. Elle est aussi utile pour se préparer avant une intervention ou pour faciliter la rééducation après une opération. Même si son usage reste encore limité, elle apporte des solutions intéressantes pour améliorer le confort. Que ce soit pour les patients ou pour les populations isolées, cette technologie, loin de n'être qu'un gadget, devient un pont. Un pont vers l'autre, vers une expérience qui, bien que virtuelle, redonne vie et chaleur aux échanges.

Parlons maintenant, si vous le voulez bien, de nos cultures. Dans un espace global partagé, comment préserver la diversité des identités culturelles et éviter que la standardisation ne l'emporte ?

L'un des défis les plus grands que soulève le métavers est celui de la diversité culturelle. Comme toute technologie transfrontalière, elle transporte un risque latent : celui d'aplanir les particularités, d'homogénéiser la riche mosaïque des identités culturelles sous le poids d'un modèle dominant. Ce phénomène, nous l'avons déjà observé avec la suprématie de moteurs de recherche qui, tout en rendant l'information universellement accessible, favorisent des contenus standardisés, majoritairement en anglais[1], érigeant malgré eux une norme qui nivelle les spécificités. Beaucoup des contenus proposés sur le web sont rédigés dans le but de satisfaire le moteur de recherche Google, en quête de visibilité, plutôt que de répondre aux besoins réels des lecteurs. Cela conduit à des contenus optimisés pour l'algorithme, mais pas pour l'humain. Le métavers, avec ses espaces partagés et ses règles communes, pourrait suivre ce même chemin d'uniformité.

Cependant, des initiatives émergent du côté des plateformes décentralisées qui par nature sont ouvertes à tous. Je pense par exemple à celle de Sébastien Borget qui avec The Sandbox, montre que cet écueil peut être évité. Là où d'autres imposent un cadre, The Sandbox a entrepris un

---

[1] La lutte pour la visibilité des sites web sur les moteurs de recherche y a contribué indirectement.

chemin inverse : celui de l'intégration patiente et respectueuse des cultures. Au lieu d'apposer un moule unique, The Sandbox s'ouvre à la complexité culturelle en offrant aux créateurs locaux un espace où leur identité peut s'épanouir. C'est un effort monumental, un choix de véritable inclusion où chaque population peut recréer ses codes, ses paysages, ses symboles. Ici, la plateforme n'est pas maîtresse, mais médiatrice, facilitant l'expression des différences et célébrant la diversité.

Il y a sur The Sandbox une expérience que j'apprécie particulièrement et qui illustre la place de la culture dans le métavers, même lorsque celui-ci s'adresse aux plus jeunes. Il s'agit de l'expérience *Pagnol-en-Provence*[1], une immersion au cœur d'un village provençal, inspiré des œuvres intemporelles de Marcel Pagnol. Le joueur y incarne un nouveau villageois plein d'ambition, cherchant à s'intégrer dans ce petit coin de Provence chargé de charme et d'authenticité.

L'aventure commence avec un défi de taille : convaincre les habitants, souvent méfiants envers les nouveaux arrivants, de vous accepter parmi eux. Pour y parvenir, il faudra explorer le village, accomplir diverses tâches et interagir avec des personnages emblématiques tels que Manon et César. Chaque rencontre rapproche un peu plus le joueur de

---

[1] https://www.sandbox.game/en/experiences/Pagnol-en-Provence/12a6dd88-3c17-48cc-9e6a-a4f28d75ffb5/page

la vie provençale et dévoile les subtilités des récits de Pagnol, recréées avec soin dans cet univers virtuel.

L'expérience offre la possibilité de bâtir un mas provençal, de participer aux activités du village et de découvrir les paysages typiques de la région. Les champs de lavande, les ruelles pittoresques et l'ambiance chaleureuse transportent le joueur dans un monde où chaque détail évoque l'atmosphère unique des œuvres de Pagnol. Cette aventure constitue une véritable passerelle entre les générations. Elle invite les plus jeunes à découvrir l'univers de ce grand auteur tout en offrant aux moins jeunes une chance de retrouver l'authenticité et l'émotion des récits qui ont marqué des décennies.

En permettant aux populations locales de bâtir leurs propres espaces, de reproduire les nuances de leurs cultures et de les partager avec d'autres, le métavers peut non seulement encourager la diversité mais aussi réaffirmer son caractère unique.

Pour atteindre une adoption mondiale, il ne s'agit pas de proposer une solution préfabriquée et uniforme, mais de construire un environnement où chaque culture peut façonner son espace, et tisser un réseau de mondes imbriqués, chacun vibrant au rythme de ses traditions et imaginaires. Tout cela ne peut être envisagé sans un respect de chaque culture et l'intégration de ses aspirations éthiques, notamment en ce qui concerne le contrôle et la surveillance.

Chapitre 7
Le Contrôle

« Un espace vaste et infini, réduit à néant par ceux qui voulaient tout voir. »

À l'ère où les nouvelles technologies redéfinissent nos interactions et où la protection de la vie privée devient une priorité majeure, le métavers pourrait-il exacerber les problématiques de surveillance et de confidentialité des données ?

Lorsque nous pensons au métavers comme un simple prolongement de notre navigation en ligne, son potentiel en matière de surveillance et de confidentialité semble relativement comparable à celui des plateformes traditionnelles. Mais lorsque cette réalité alternative commence à fusionner avec les technologies immersives, les perspectives changent radicalement. Un casque de réalité virtuelle, ce n'est pas seulement un écran ; c'est une fenêtre qui capte, qui enregistre, qui lit notre environnement et parfois même notre corps. Imaginez, alors, ce que cela signifie : un appareil braqué sur notre visage, capable de déceler nos émotions, de capter les moindres variations de notre rythme cardiaque, et d'interpréter la scène qui nous entoure. Ce n'est plus une simple extension de l'internet ; c'est un spectateur omniprésent, un observateur qui pénètre, littéralement, chez nous.

La collecte de données via les interfaces des casques de réalité virtuelle va bien au-delà des précédents dispositifs technologiques qui ont pourtant causé des problématiques majeures comme les smartphones, les assistants personnels et même nos navigateurs web. Ces casques ou lunettes, dotés de multiples caméras et capteurs, plongent dans nos espaces personnels. Ils révèlent nos environnements, capturent des scènes de notre intérieur, et, par une analyse poussée, ils peuvent prédire notre état de santé et déduire nos comportements.

Si les constructeurs affirment garantir la sécurité et la confidentialité des données, il n'en reste pas moins que des brèches demeurent possibles, que des applications malveillantes peuvent s'y glisser, récoltant discrètement des informations sensibles. Une carte de crédit laissée sur un bureau, l'éclat des pupilles sous l'effort physique, les modèles de notre visage qui servent d'accès à nos téléphones, autant de fragments d'existence qui deviennent des données à exploiter, potentiellement à notre insu.

Les technologies sous-jacentes à ces espaces virtuels renforcent ces inquiétudes. La chaîne de blocs, avec sa promesse de transparence, offre la possibilité de suivre chaque transaction, chaque action, dans une parfaite visibilité. Mais cette transparence s'avère à double tranchant : à force de tout exposer, elle permet de suivre les flux financiers, de retracer des comportements, et ouvre donc des possibilités de surveillance étendues, même si elle se limite pour l'instant à des portefeuilles cryptographiques anonymes. Avec la chaîne de blocs, il devient de plus en plus pertinent d'affirmer que les données des utilisateurs sont gravées dans le marbre numérique. Cela devient une richesse informationnelle, mais aussi une source de vulnérabilité, car dans ce monde, les actions des utilisateurs sont constamment visibles et sujettes à analyse.

Ce n'est pas seulement l'immatériel que nous exposons, mais aussi le corps et les espaces les plus privés. La confidentialité, naguère renforcée par la distance entre le numérique et le réel, s'effrite à mesure que ces mondes fusionnent. Il ne s'agit pas seulement de poser des questions de sécurité, mais de se demander si, en confiant au métavers nos gestes et nos pensées, nous n'ouvrons pas la porte à un contrôle qui pourrait bien, demain, s'étendre au-delà de ce que nous aurions pu imaginer.

Le documentaire *Hyper-Reality*[1] de Keiichi Matsuda illustre le possible usage de la réalité augmentée dans ses dimensions les plus intrusives. Il projette le spectateur dans une dystopie où la réalité augmentée envahit tous les aspects de la vie quotidienne. À travers les yeux d'une protagoniste, on découvre un futur saturé de médias, où publicités, notifications et hologrammes brouillent les repères et transforment la ville en un chaos numérique. Chaque interaction devient une intrusion commerciale ou un outil de collecte de données, questionnant notre autonomie dans un monde dominé par les algorithmes.

Les données personnelles sont souvent décrites comme la nouvelle monnaie d'échange. Le métavers pourrait-il offrir un espace où les utilisateurs reprennent réellement le contrôle ?

Il est tentant d'imaginer un espace où la transparence et l'autonomie individuelle prennent le pas sur les modèles centralisés actuels. La chaîne de blocs, technologie

---

[1] https://www.youtube.com/watch?v=YJg02ivYzSs

décentralisée par essence, offre une piste prometteuse en permettant d'associer les données personnelles à des identités anonymes tout en garantissant une sécurité presque infaillible.

La décentralisation, en pratique, repose sur une architecture partagée. Plutôt que de confier le contrôle des données à une seule entité ou plateforme, ce modèle s'appuie sur un réseau de participants répartis à l'échelle mondiale. Ces participants, grâce à des protocoles spécifiques, assurent la sécurité et la confiance nécessaires pour gérer les interactions et les transactions dans cet espace numérique.

Concrètement, ces réseaux fonctionnent sans propriétaire unique : ils sont maintenus par une communauté et par des infrastructures distribuées. Les individus qui contribuent à ces systèmes — qu'il s'agisse de valider des transactions ou de maintenir l'infrastructure — sont récompensés de diverses manières, renforçant l'équilibre et l'autonomie de l'écosystème.

Le métavers pourrait donc, en théorie, devenir un espace où les utilisateurs conservent la maîtrise de leurs données, choisissant à qui et dans quelles conditions elles sont partagées. Cela marquerait une rupture profonde avec les modèles actuels, où les plateformes centralisées détiennent l'essentiel du pouvoir et de la valeur générée par les données personnelles.

Prenons l'exemple des *Decentralized Identifiers* (DID), des identifiants décentralisés conçus pour offrir une gestion des identités numériques plus sécurisée et indépendante des plateformes traditionnelles. Contrairement aux identifiants centralisés, comme ceux proposés par les réseaux sociaux ou les services en ligne, les DID permettent aux utilisateurs de conserver le contrôle total de leurs données personnelles. Ces identifiants sont ancrés dans la *blockchain*, garantissant à la fois leur intégrité et leur immuabilité, tout en supprimant le besoin de recourir à des autorités centralisées pour les émettre ou les valider.

Chaque DID est lié à un portefeuille numérique qui permet à l'utilisateur de prouver son identité, signer des transactions ou accéder à des services, sans exposer d'informations sensibles inutiles. Ce modèle renforce la souveraineté numérique, permettant à chacun de gérer ses informations d'identification de manière autonome et sécurisée.

En complément, des technologies telles que le *Zero-Knowledge Proof* (preuve à divulgation nulle de connaissance) apportent une confidentialité supplémentaire. Elles permettent de prouver qu'une affirmation est vraie sans révéler les données sous-jacentes. Par exemple, un utilisateur peut prouver qu'il est majeur sans transmettre sa date de naissance. Dans ce cas, une preuve cryptographique est générée à partir de la donnée initiale, validant que l'âge est supérieur ou égal à 18 ans, sans que cette donnée soit partagée avec le vérificateur. Ces mécanismes, reposant sur des algorithmes avancés, assurent une protection maximale des informations tout en offrant une vérification fiable et sécurisée.

Des alliances se forment, comme en témoigne la collaboration entre Unstoppable Domains, Smobler et The Sandbox. Ces acteurs ont uni leurs efforts pour redéfinir l'interopérabilité des identités dans le métavers. En intégrant des domaines Web3 à The Sandbox, cette initiative permet aux utilisateurs de gérer leurs identités décentralisées tout en facilitant le transfert d'actifs entre différentes plateformes.

Ces efforts ont pour objectif d'offrir aux utilisateurs un contrôle renforcé sur leurs données et leurs identités numériques. Stockées de manière décentralisée sur la *blockchain*, ces informations ne sont plus attachées à une plateforme unique, offrant aux utilisateurs la liberté de choisir avec qui partager leurs données, selon leurs besoins. Cette autonomie contribue à réduire la dépendance aux grandes entreprises technologiques et soutient l'émergence d'une économie des créateurs, où les individus conservent la maîtrise totale de leur travail, de leurs créations et de leurs actifs.

Toutefois, l'intégration des identités décentralisées dans les écosystèmes numériques devra coexister avec les systèmes conventionnels, ces derniers continuant de stocker et de traiter les données personnelles selon des modèles centralisés. Cela illustre la coexistence entre les nouvelles solutions décentralisées et les infrastructures traditionnelles, où la décentralisation apporte une valeur ajoutée pour la gestion des informations sensibles, tandis que d'autres aspects restent liés à des systèmes centralisés, encore soumis aux contraintes actuelles.

Au-delà des questions techniques et d'adoption, le défi est plus vaste encore, il touche au cœur de notre relation avec nos données. Le danger réside moins dans une perte de contrôle brutale que dans un glissement progressif vers l'oubli de cette vigilance. Même si des solutions technologiques existent, que devient notre notion de vie privée lorsque nous nous habituons à partager, à dévoiler sans retenue.

Le paradoxe de la vie privée met en lumière la dimension psychologique du problème et l'écart qui existe entre les préoccupations exprimées par les utilisateurs d'une technologie et leurs comportements, souvent en contradiction avec ces préoccupations. Cela souligne l'importance d'accompagner les usagers et de les sensibiliser, afin de réduire cet écart et de favoriser une utilisation plus consciente et sécurisée des technologies.

Pouvez-vous donner un exemple concret de ce que vous décrivez comme un glissement vers une perte de contrôle ?

Pas plus tard qu'hier, j'ai décidé de m'évader un moment en me connectant à un lounge-bar sur VRChat. J'ai assisté par hasard à une scène surprenante. Un jeune, caché derrière l'apparence d'un avatar de nourrisson, partageait une discussion personnelle avec un groupe d'amis virtuels. Parmi eux, des avatars éclectiques : un robot, un guerrier tatoué, un gladiateur et un personnage tout droit sorti d'un manga. Le jeune semblait se confier au sujet d'une expérience amoureuse vécue dans son collège. Ce qui m'a frappé, c'est à quel point le groupe semblait totalement oublier qu'il se trouvait dans un espace public. Malgré l'intensité du moment, je ne pouvais m'empêcher de me sentir mal à l'aise en restant spectateur de cette scène à caractère privée. Après un moment d'hésitation, j'ai finalement quitté les lieux, laissant derrière moi cette étrange rencontre.

Cet exemple révèle que le métavers pourrait devenir un espace où la frontière entre le contrôle et l'abandon de soi se dissipe. Nous sommes peut-être en train de construire un monde où l'exposition permanente devient un état naturel, où nous nous laissons aller à croire que le partage généralisé est un progrès, que nous avons plus à gagner qu'à perdre en nous rendant transparents.

Le véritable danger est là : non dans la perte de contrôle, mais l'indifférence à cette perte. Dans un monde où l'on se fie davantage aux interfaces qu'aux relations, où l'on préfère les reflets numériques aux ombres de la discrétion, nous risquons de nous habituer à n'être que des fragments de données, de simples représentations malléables et interprétables. Ce contrôle tant espéré devient un mirage, une utopie insaisissable dans un univers virtuel où chaque geste et chaque pensée laissent une marque de plus en plus indélébile.

Comment réguler la vie privée dans un tel espace où chaque interaction est potentiellement enregistrée ?

Nous l'avons dit, dans les univers virtuels, chaque interaction est une empreinte, une trace qui, par sa nature numérique, est potentiellement enregistrée. Ce phénomène n'est pas nouveau ; depuis le Web 2.0, chaque échange, chaque message, chaque appel passe par un appareil qui, par essence, peut garder mémoire de notre action. La situation, en ce sens, n'est ni plus complexe ni plus simple à réguler. Cependant, avec son cortège de capteurs et sa capacité à capturer non seulement des données textuelles, mais aussi des gestes, des expressions, des regards, il ouvre la voie à des dimensions de surveillance plus fines, plus insidieuses.

Mais comment s'assurer que seules les interactions nécessaires à la sécurité et au bien-être commun soient enregistrées, tout en respectant notre vie privée ? C'est un équilibre à atteindre car dans cet univers, tout comme dans la vie réelle, il peut être justifiable, voire nécessaire, de surveiller certains lieux pour prévenir la violence, le harcèlement ou d'autres comportements préjudiciables. Les enregistrements doivent servir à protéger, mais ils ne devraient jamais persister au-delà de leur utilité première, au-delà de cette fonction de modération.

Il faut donc établir des lignes directrices claires, tant que possible alignées avec les valeurs éthiques. Il s'agit de garantir que, comme dans nos vies, des zones de confidentialité soient préservées. Les espaces privés du métavers, des ilots virtuels devraient jouir d'une confidentialité semblable à celle de nos foyers. Dans ces cercles clos, où l'on choisit avec soin les individus que l'on invite, il convient d'assurer une véritable confidentialité. Les visiteurs, bien que virtuels, devraient être tenus de respecter l'intimité du lieu, et aucune analyse, aucune intrusion technologique ne devrait pouvoir franchir ces seuils.

En pratique, la régulation de la vie privée dans le métavers repose sur un principe fondamental : reconnaître que l'intimité est une valeur à la fois fragile et précieuse. Le métavers ne doit pas devenir une zone de surveillance omniprésente, mais un espace où l'on peut se retirer, échanger en confiance, et où les murs virtuels offrent la même protection que les murs physiques. Il nous revient d'établir des frontières invisibles, des refuges où la vie privée peut s'épanouir librement, protégée des regards intrusifs, et où la technologie, aussi avancée soit-elle, sait encore s'effacer devant les droits les plus élémentaires de l'être humain.

Quels sont les cas les plus marquants de violences ou d'incivilités recensés, et face à ces dérives, quelles solutions concrètes peuvent être mises en place pour garantir la sécurité des utilisateurs ?

La sécurité englobe bien plus que la simple protection des biens ou des données. Elle s'étend jusqu'à la sauvegarde de notre intégrité émotionnelle et psychologique face à des menaces telles que le harcèlement, la manipulation ou la désinformation. Une étude menée auprès de 5 000 adolescents américains âgés de 13 à 17 ans par l'Université de Floride Atlantique[1] dévoile les aspects sombres des univers virtuels montrant combien ces espaces peuvent

---

[1] https://www.fau.edu/newsdesk/articles/metaverse-dangers-youth-study.php

exposer les jeunes à divers dangers. Dans un pays où l'adoption de ces technologies atteint près de 33 % parmi les adolescents, l'étude révèle une situation préoccupante : plus de 44 % des participants rapportent avoir été confrontés à des discours haineux ou des insultes, tandis que 37,6 % se disent avoir été victimes de harcèlement moral, et 35 % déclarent avoir subi du harcèlement.

L'enquête met en évidence d'autres comportements très inquiétants : près de 19 % des jeunes ont subi des formes de harcèlement sexuel, 18,1 % ont rapporté des tentatives de manipulation affective, et près de 21 % ont été exposés à du contenu violent ou à caractère sexuel, sans l'avoir sollicité. Par ailleurs, 18 % des adolescents ont été victimes de divulgation non autorisée de leurs informations personnelles, et 22,8 % ont été trompés par de faux profils.

Dans cet univers, chaque menace appelle des réponses différentes, et il est impératif de construire des mécanismes capables d'intervenir avec justesse. L'une des priorités est d'établir des barrières technologiques qui préviennent les atteintes directes. Prenons l'exemple des agressions virtuelles rapportées dans des espaces comme Horizon Worlds, où des avatars ont abusé de la liberté d'interaction pour envahir l'espace personnel des autres. Même dans le domaine virtuel, la violation d'un espace intime demeure une violence. La réponse de Meta a été d'introduire sur demande une bulle de sécurité impénétrable autour de chaque avatar. Cette réponse s'est avérée simple, mais symboliquement puissante : une barrière invisible qui préserve notre bulle personnelle et empêche les intrusions non désirées. Cette innovation montre que le métavers, à l'inverse du monde physique, permet parfois des réponses immédiates, presque intuitives, à des problèmes anciens. C'est ici que la technologie, lorsqu'elle est bien pensée, agit en véritable médiateur.

Mais il ne suffit pas de réagir avec des solutions techniques ; des mécanismes de contrôle éthique plus élaborés sont nécessaires. Il s'agit d'un effort continu, une co-construction entre concepteurs, législateurs et utilisateurs, afin que les normes de protection évoluent et s'adaptent aux comportements humains. La sécurité ne se limite pas à interdire, elle doit aussi permettre. Permettre de s'exprimer, d'explorer et de créer, tout en protégeant le droit de chacun à naviguer en paix, loin des menaces physiques ou morales.

Les réponses éthiques, à mesure qu'elles se déploient, doivent puiser dans la même sagesse qui nous guide dans le monde tangible. Elles doivent être ancrées dans un respect des droits individuels, tout en s'adaptant aux caractéristiques uniques de ces mondes virtuels.

Vous mentionnez la nécessité de trouver un équilibre. Pourriez-vous préciser votre pensée et proposer quelques pistes à ce sujet ?

La liberté d'expression s'exerce dans un cadre, un contexte qui respecte les lois, et c'est précisément ici que la surveillance peut jouer un rôle. Une surveillance éclairée, définie de manière précise, doit permettre de discerner les frontières entre l'expression licite et les déviances qui violent les droits d'autrui. Car la liberté d'expression s'arrête là où commence le préjudice infligé.

Dans le métavers, cette régulation devient d'autant plus complexe qu'elle doit faire face à une multitude de dimensions : des milliards d'interactions s'y dérouleront, bien plus que ce que nous pouvons surveiller ou analyser. Tout comme dans le monde tangible, il est impossible de tout capturer. Cependant, ce monde numérique offre un enregistrement durable, une preuve tangible des mots et des actions, là où dans le monde réel, les échanges peuvent se perdre dans l'éphémère. Cette accessibilité peut renforcer la responsabilité et, paradoxalement, protéger la liberté d'expression en posant des bases de preuve sur lesquelles appuyer les débats et les litiges.

Pour que la surveillance ne devienne pas une menace à cette liberté fondamentale, nous devons inventer des mécanismes de contrôle qui s'appuient autant sur la régulation communautaire que sur l'autorité légale.

Le système de confiance de VRChat[1] illustre parfaitement la manière dont un métavers peut encourager des comportements positifs et dissuader les abus. Ce mécanisme repose sur une hiérarchie de statuts progressifs : visiteurs, nouveaux utilisateurs, utilisateurs, utilisateurs reconnus, et enfin utilisateurs de confiance. Chaque utilisateur commence son parcours en tant que visiteur et accumule

---

[1] https://docs.vrchat.com/docs/vrchat-safety-and-trust-system

des points en fonction de son engagement, de son comportement et de sa contribution à la communauté.

Ce système favorise une montée en grade au fil du temps, nécessitant environ 1 000 heures d'activité pour atteindre le statut le plus élevé, celui d'utilisateur de confiance. Ce dernier confère des privilèges spécifiques, comme une plus grande visibilité et des fonctionnalités avancées, tout en symbolisant un certain degré de responsabilité et de fiabilité au sein de la plateforme.

Dans le même temps, VRChat pénalise les comportements nuisibles. Les utilisateurs malintentionnés, identifiés par des signalements ou des analyses automatiques, peuvent voir leur rang diminuer, ce qui peut entraîner une perte de statut et des restrictions d'accès. Cela crée un environnement où les actions ont des conséquences, incitant les membres à adopter des interactions constructives et respectueuses.

Ce modèle sert d'exemple pour d'autres métavers, démontrant qu'un système bien pensé peut à la fois encourager l'engagement positif et protéger la communauté. Toutefois, son efficacité dépend de la transparence des règles, de la fiabilité des algorithmes, et de la capacité à éviter les abus, comme des signalements injustifiés ou une montée en grade artificielle. Ce type de système souligne l'importance de trouver un équilibre entre liberté individuelle et sécurité collective.

Les mondes virtuels peuvent aussi devenir un espace de régulation participative, où des modèles de gouvernance décentralisée et de crowdsourcing de l'information créeraient des normes communautaires. Dans ce cadre, l'autorégulation prendrait place, permettant aux utilisateurs eux-mêmes de débattre, de discerner, et de contribuer activement à définir ce qui est acceptable. Ce modèle de régulation décentralisée pourrait aller jusqu'à inclure des assemblées communautaires où les litiges, relevant d'échanges complexes ou de déviances, trouveraient leur résolution dans l'espace même où ils sont nés.

Pensez-vous que le cadre juridique actuel soit suffisant pour encadrer les questions de sécurité dans le métavers ?

Lorsque nous évoquons le métavers, il peut être tentant de l'imaginer comme un espace échappant aux lois et aux règles établies, un interstice entre le virtuel et le réel où les frontières juridiques semblent floues. Cependant, les principes fondamentaux, qu'ils concernent la vie privée, la protection des données ou celle des mineurs, s'appliquent de manière indéniable à cet univers numérique. Le métavers, bien qu'innovant, n'est pas exempt des cadres légaux qui régissent nos sociétés.

De plus, les Conditions Générales d'Utilisation (CGU) des plateformes jouent un rôle central, en tant que contrats entre les utilisateurs et les services, régissant la résolution des conflits et les droits de chaque partie. Ces CGU deviennent presque des codes de conduite, adaptés à chaque environnement virtuel, rappelant à chacun les limites de ses actions.

Mais le cadre est-il suffisant ? Ou bien l'émergence du métavers nous conduit-elle à ajuster ce cadre pour l'adapter à cette nouvelle dimension numérique ?

Le métavers, tout comme les réseaux sociaux avant lui, est un univers à forte dimension sociale. Il hérite des mêmes défis et des mêmes protections juridiques, appliquées en fonction de la localisation des utilisateurs. Mais le métavers n'est pas qu'un simple réseau social. Il peut comme Decentraland intégrer la chaîne de blocs, les cryptomonnaies et la gouvernance décentralisée ce qui le fait entrer dans un domaine plus complexe, dépassant les régulations locales. L'absence de siège social fixe et d'autorité de contrôle sur les transactions décentralisées met en lumière une faille de taille : qui est responsable dans cet espace ?

De plus, les espaces virtuels transcendent les frontières géographiques et culturelles, et la vision de ce qui est acceptable varie d'un endroit à l'autre. Cela signifie que plusieurs cadres de régulation devront coexister sur le même espace. Les implications sont mondiales, et il est intéressant de noter que le métavers pourrait bien offrir une opportunité unique : celle d'unir, au-delà des différences, les régulations des trois blocs juridiques majeurs — Europe, Asie et États-Unis. Une collaboration sur ce terrain est presque inévitable et pourrait donner naissance aux bases d'une société numérique globale, où des principes partagés régiraient les interactions virtuelles, en harmonie avec les valeurs de chaque culture. Ce cadre mondial permettrait d'établir des règles qui respectent la diversité tout en assurant la protection des droits fondamentaux. Mais nous sommes encore loin, il reste beaucoup de travail à ce sujet.

La propriété intellectuelle prend-elle un tournant encore plus complexe dans le métavers ? La créativité et l'innovation semblent y défier les cadres traditionnels.

La contrefaçon trouve des voies inédites sur les mondes virtuels. L'affaire des *MetaBirkins* montre à quel point la régulation doit évoluer pour prendre en compte les enjeux de l'identité numérique et des produits virtuels. Dans un procès désormais célèbre, Hermès a obtenu gain de cause contre Sonny Estival, créateur des *MetaBirkins* virtuels. Le tribunal américain a jugé que ces créations, inspirées du sac iconique Birkin, violaient les droits de propriété intellectuelle de la maison de luxe. Sonny Estival a été reconnu coupable d'avoir contrefait la marque et utilisé le nom Birkin à des fins commerciales.

À mesure que la technologie progresse, les législations évoluent. L'Europe, en particulier, joue un rôle de précurseur avec des initiatives telles que le Digital Services Act, le Digital Markets Act, le Data Act et le règlement MiCA. Ces cadres réglementaires, conçus pour encadrer les plateformes numériques, commencent à s'adapter à ce nouvel espace, anticipant les besoins futurs d'une société où l'intelligence artificielle et les réalités virtuelles coexistent. La création suggérée d'un droit spécifique au métavers, tel que proposé par l'avocat spécialisé en nouvelles technologies,

Alain Bensoussan, prend sens[1]. Ce dernier indique que la nouvelle virtualité va probablement nécessiter l'adaptation des cadres existants. Ils devront englober les relations entre le monde physique et le monde virtuel, mais aussi les interactions au sein même du métavers, pour offrir un équilibre entre innovation et sécurité.

Enfin, une multitude d'initiatives comme celle de la XR Safety Initiative (XRSI) nous rappellent l'importance de la prévention. À une époque où le métavers semble revivre les premiers pas des réseaux sociaux, nous devons éviter les erreurs du passé. Car si les réseaux sociaux nous ont appris quelque chose, c'est que l'absence de cadre laisse des cicatrices profondes, que l'on peine à effacer ensuite.

Quelle est votre plus grande inquiétude dans le scénario où un géant prendrait le contrôle du métavers, à l'image du Web 2 ?

Aujourd'hui, dans ce marché encore balbutiant, le pouvoir des grandes entreprises reste limité, bien que les parallèles avec le Web 2.0 commencent à se dessiner. Car si les géants du Web ont été critiqués pour leur exploitation des données utilisateur, pour leur rôle dans la propagation de fausses informations, pour les bulles de filtre[2] qu'ils ont si souvent contribué à créer, le métavers pourrait exacerber ces mêmes

---

[1] https://www.alain-bensoussan.com/wp-content/uploads/2022/04/Vers-un-droit-des-metavers.pdf

[2] Une bulle de filtre se produit lorsque les algorithmes personnalisent le contenu en ligne en fonction des préférences de l'utilisateur, réduisant ainsi l'exposition à des informations diversifiées et limitant les perspectives.

travers, mais avec une dimension inédite. Imaginez un espace tridimensionnel, vibrant, persistant, peuplé non seulement d'avatars humains, mais d'entités contrôlées par des intelligences artificielles d'un réalisme troublant. Avec les avancées fulgurantes de l'IA générative, ces figures virtuelles deviennent plus que des ombres ; elles deviennent des vecteurs d'influence, des instruments potentiels pour collecter des données subtilement, insidieusement.

Si des entités malveillantes venaient à exploiter ces technologies, elles pourraient créer des environnements soigneusement calibrés pour diffuser des messages, influencer des comportements. Ce n'est pas seulement une question de surveillance ; c'est une forme de contrôle qui dépasse le simple cadre de la collecte de données. C'est une intrusion dans notre perception, une manière de structurer la réalité elle-même. Ces mêmes scénarios pourraient devenir possibles, voire indirectement encouragés, par les mécanismes de monétisation des plateformes reposant sur la publicité. Celle-ci ne se limiterait pas à des affiches ou des présentations de produits, mais pourrait également inclure des avatars automatisés, conçus pour promouvoir des produits de manière discrète et subtile, dans des contextes optimisés.

Les univers partagés où quelques grandes entreprises pourraient concentrer des pouvoirs quasi démiurgiques, présente des risques d'oligopole similaires à ceux du Web 2.0, voire plus prononcés encore. Là où une poignée d'acteurs détient les clés de cette infrastructure globale, où les portes du métavers peuvent se fermer à leur discrétion, le risque de perte de contrôle est grand. Le véritable danger réside dans un contrôle centralisé et opaque, difficile à réguler, reposant sur des modèles d'affaires non éthiques, où les utilisateurs se retrouvent à la fois captifs et complices. Pour prévenir ce scénario, nous devons avancer avec vigilance et transparence pour faire des mondes virtuels une œuvre collective.

Chapitre 8
L'œuvre collective

« Les ailes de ta liberté se sont brisées sous le souffle des vents puissants. »

Le Web actuel est dominé par quelques grandes entreprises qui contrôlent la majorité des données des utilisateurs. Cela limite l'autonomie des individus, car les plateformes centralisent les informations. Comment peut-on redistribuer ce pouvoir et permettre aux utilisateurs de contrôler leurs données dans le métavers ?

Aujourd'hui, le Web 2.0 montre des signes d'essoufflement. Il a connu son apogée en permettant la montée en puissance d'entreprises qui centralisent les données et, par conséquent, le pouvoir. Cette centralisation du Web qui a conduit à l'émergence des GAFAM a longtemps été critiquée, soulevant des questions sur la concentration de la richesse et la privation des utilisateurs de leur valeur[1].

La décentralisation, souvent considérée comme une utopie, n'en reste pas moins une ambition qui gagne en force. Elle a donné naissance à des technologies comme la chaîne de blocs, dont la promesse initiale allait bien au-delà de la simple décentralisation de la finance : il s'agissait de repenser la manière dont le pouvoir – au sens politique du terme – est réparti.

Dans le contexte du web social et des métavers, cette dynamique pourrait signifier un changement radical. Les utilisateurs, jusqu'alors simples consommateurs de contenu, pourraient devenir les véritables détenteurs de valeur. Le modèle décentralisé n'est pas qu'une alternative technique ;

---

[1] En 2019, Chris Hughes et des responsables politiques, comme Elizabeth Warren, ont appelé à démanteler Facebook et d'autres géants technologiques pour limiter leur influence et restaurer une concurrence équitable.

il porte en lui un potentiel de transformation sociale. À mesure que les utilisateurs acquièrent le contrôle de leurs données, la chaîne de blocs se positionne comme un rempart contre la centralisation. Elle propose un univers où la monnaie et l'identité n'ont plus besoin d'être validées par une autorité centrale, où la confiance repose sur un réseau décentralisé, et où chaque individu bénéficie d'une liberté sans précédent.

La décentralisation s'étend également à la gouvernance. Les organisations autonomes décentralisées, ou DAO, incarnent cette nouvelle structure organisationnelle, où le pouvoir n'est plus concentré entre les mains de quelques-uns, mais réparti parmi les participants[1]. Ces organisations, construites sur des protocoles décentralisés, permettent d'automatiser la gouvernance montrant qu'un métavers et bien d'autres services n'ont pas besoin d'un éditeur unique pour fonctionner. Des plateformes comme Decentraland en sont les illustrations : elle montre qu'un espace virtuel peut être conçu, piloté et transformé par une communauté, devenant un reflet des valeurs et des choix collectifs.

Vous évoquez les DAO comme une réponse. Cependant, pour le grand public, leur fonctionnement reste abstrait. Pourriez-vous détailler concrètement comment ces organisations autonomes fonctionnent et ce qui les distingue des structures traditionnelles ?

---

[1] Le cofondateur de la chaîne de blocs Ethereum, Vitalik Buterin, est l'un des premiers à avoir abordé le sujet des DAO et a publié un nombre impressionnant de ressources pour documenter le champ des possibles.

Les Organisations Autonomes Décentralisées, ou DAO, incarnent une nouvelle forme d'organisation entièrement numérique, régie par la *blockchain* et des contrats intelligents. Elles se caractérisent par une gouvernance collective, où les décisions sont prises de manière transparente et décentralisée. Ces entités permettent à leurs membres de soumettre, de voter et de mettre en œuvre des propositions sans avoir besoin d'intermédiaires humains pour coordonner ces actions.

Une proposition, au sein d'une DAO, représente une idée ou un projet soumis à l'approbation collective des membres. Elle peut concerner divers sujets, comme l'allocation de fonds, la mise en place de nouvelles fonctionnalités, ou encore des décisions stratégiques sur l'avenir de l'organisation. Tout membre possédant des jetons de gouvernance peut soumettre une proposition, à condition de respecter les règles spécifiques de la DAO. Ces règles, inscrites dans des contrats intelligents, définissent les critères qu'une proposition doit remplir pour être acceptée dans le processus de vote. Par exemple, certaines DAO exigent qu'un seuil minimum de jetons soit détenu par le proposant, ou que la proposition soit parrainée par un autre membre.

Une fois soumise et validée, la proposition entre dans une phase de vote. Les membres de la DAO, qui possèdent des jetons de gouvernance, participent au vote en utilisant leur pouvoir de vote. Ce pouvoir est souvent proportionnel au nombre de jetons détenus, bien que certains mécanismes alternatifs, comme le vote quadratique ou la délégation, puissent moduler cette influence. Si la proposition est adoptée, son exécution est automatisée par des contrats intelligents ou repose sur la réalisation des tâches par les membres.

Pour devenir membre d'une DAO, il est nécessaire d'acquérir des jetons gouvernance. Ces jetons peuvent être obtenus de plusieurs manières. La méthode la plus courante est l'achat sur des plateformes d'échange de cryptomonnaies, ce qui permet à quiconque d'intégrer l'organisation, à condition de disposer de ressources financières nécessaires. Cependant, certaines DAO privilégient des modes d'attribution plus inclusifs. Les membres peuvent gagner des jetons en contribuant activement au projet, par exemple en développant des outils, en participant à des campagnes de communication ou en effectuant des tâches spécifiques. Ces contributions sont souvent rémunérées par des récompenses distribuées pour des missions clairement définies. Les DAO peuvent également distribuer des jetons gratuitement en ciblant les premiers utilisateurs ou les membres particulièrement engagés.

Chaque DAO détermine sa stratégie de distribution et de gestion de jetons, influençant ainsi la manière dont les membres participent à la gouvernance[1]. Par exemple, dans le métavers de Decentraland, les propriétaires de terrains numériques reçoivent un pouvoir de vote significativement supérieur à celui des détenteurs de simples jetons de la plateforme (MANA). Cette approche reflète une stratégie où l'engagement, symbolisé par la possession d'actifs spécifiques, est valorisé.

La décentralisation dans le métavers représente un retour possible du pouvoir vers les individus, les communautés, et les créateurs. C'est une invitation à concevoir un espace où la diversité des voix et des volontés peut s'exprimer sans passer par les filtres imposés par des acteurs centralisés. Le métavers, ainsi libéré des structures hiérarchiques classiques, pourrait devenir un laboratoire de la démocratie numérique.

Les Organisations Autonomes Décentralisées dont vous venez de parler sont-elles des modèles viables pour la gouvernance dans le métavers ?

L'essor des Organisations Autonomes Décentralisées et la valeur financière qu'elles accumulent indiquent leur viabilité dans certains contextes. Cependant, cela ne signifie pas que les DAO soient universellement adaptées à tous les scénarios, ni qu'elles garantissent une gouvernance durable

---

[1] La tokenomique désigne l'ensemble des mécanismes économiques liés aux jetons (token) d'un projet *blockchain*, incluant leur création, distribution, utilisation et circulation. Elle englobe également les stratégies visant à inciter l'engagement des participants et à garantir la viabilité économique à long terme de l'écosystème.

à long terme, surtout dans des écosystèmes complexes. Aujourd'hui, la majorité des DAO sont ancrées dans la finance décentralisée (DeFi[1]), avec quelques-unes qui s'aventurent sur les terres du métavers. Ces plateformes présentent souvent des performances financières impressionnantes, soutenues par une dynamique où chaque détenteur de jeton investit dans le projet et participe à sa valeur. Le secteur du jeu se prête particulièrement à cela, étant déjà largement orienté autour de communautés solides et soudées, habituées à partager leurs bonnes pratiques et leurs créations. La force de ces communautés réside dans leur capacité à s'organiser et à créer elles-mêmes leurs plateformes, une tendance qui ne cesse de croître.

La DAO constitue un puissant levier pour lancer et développer un projet, en mobilisant des ressources et des talents de manière décentralisée. Par l'émission de jetons numériques, elle crée un écosystème où les participants peuvent devenir co-investisseurs et, selon leur implication, cocréateurs du projet. Plus l'individu s'implique, plus il est récompensé. Ce modèle favorise un sentiment de responsabilité partagée, où la valeur et la visibilité augmentent en tandem.

---

[1] La finance décentralisée, ou *Decentralized Finance* (DeFi), désigne un écosystème de services financiers basés sur la *blockchain*, visant à éliminer les intermédiaires traditionnels tels que les banques. Elle permet d'effectuer des transactions financières (prêts, emprunts, échanges d'actifs, etc.) de manière autonome grâce à des contrats intelligents, tout en assurant transparence et accessibilité à un niveau mondial. La DeFi repose principalement sur des *blockchains* publiques comme Ethereum.

Cette idée de collaboration ne se limite pas aux métavers, mais s'étend également aux personnages virtuels animés par intelligence artificielle. Des plateformes comme *Virtuals Protocol*[1] permettent de connecter les concepteurs de ces personnages virtuels animés à des investisseurs particuliers, ouvrant la voie à un modèle de copropriété et de monétisation décentralisée.

Grâce à ce protocole, les créateurs peuvent concevoir des agents d'intelligence artificielle complexes, dotés de capacités multimodales et autonomes. Ces personnages virtuels, une fois créés, sont tokenisés avec une offre fixe, permettant aux investisseurs d'acquérir une part de propriété. Ces jetons donnent accès à des droits de gouvernance, permettant aux détenteurs de participer aux décisions sur le développement, le comportement et l'évolution de ces agents virtuels.

Les personnages virtuels, présents sur les réseaux sociaux, les métavers et d'autres environnements numériques, interagissent avec les utilisateurs en générant automatiquement du contenu ou en fournissant des services, grâce à l'intelligence artificielle. Leur capacité à capter une audience significative en fait des influenceurs virtuels potentiellement lucratifs, générant des revenus par le biais d'activités telles que des concerts virtuels, la vente de produits ou des collaborations avec des marques. Une partie

---

[1] https://www.virtuals.io/

de ces revenus est redistribuée dans une trésorerie spécifique à chaque agent.

Pour les investisseurs particuliers, cela représente une opportunité : ils peuvent investir dans ces personnages virtuels, pariant sur leur potentiel à générer des revenus et à gagner en popularité. Ce modèle soutient non seulement les créateurs en leur offrant un moyen de rentabiliser leur travail, mais il enrichit également les espaces virtuels. Dans des environnements souvent peu peuplés, la présence de ces personnages non joueurs (PNJ) autonomes ajoute de la vie, des interactions et une profondeur narrative qui peut améliorer l'expérience des utilisateurs.

Virtuals redéfinit le rôle des personnages virtuels en les transformant en actifs collaboratifs, interactifs et générateurs de revenus, tout en promouvant une gestion communautaire et décentralisée de ces entités. Ce modèle illustre comment la *blockchain* et l'intelligence artificielle peuvent s'associer pour créer de nouvelles opportunités économiques et sociales dans les métavers.

Cependant, cette approche, si puissante soit-elle à ses débuts, soulève des questions quant à sa résilience. La DAO, avec son modèle basé sur la décentralisation, est-elle capable de s'adapter aux crises et de surmonter les défis liés à l'échelle ?

Cette question reste sans réponse, car les DAO métaversiques manquent pour la grande majorité de recul suffisant pour prouver leur stabilité dans des périodes de turbulence.

Les DAO sont confrontées à des défis inhérents à leur structure. En théorie, chaque participant possède un pouvoir de décision égal, mais en réalité, l'influence se concentre souvent dans les mains de quelques baleines[1], des investisseurs majeurs qui détiennent une quantité significative de jetons. Ce phénomène est une épée de Damoclès pour la gouvernance collective. Lorsque la voix de quelques-uns pèse plus lourd que celle de la majorité, le risque de déséquilibre augmente, et les décisions peuvent devenir moins représentatives des intérêts de la communauté. Ainsi, bien que les DAO soient conçues pour favoriser la décentralisation, elles restent vulnérables à la centralisation du pouvoir, un paradoxe qui remet en question leur efficacité. J'ai réalisé une étude non encore publiée sur plus de 1000 organisations de ce type qui montre très clairement que malgré la décentralisation a priori de tels systèmes, le pouvoir est très majoritairement dans les mains de quelques détenteurs massifs de jetons. Ces derniers ont la capacité d'orienter les décisions.

Toutefois, les DAO sont flexibles et évolutives par nature, adaptées à se modifier et à se perfectionner avec le temps. Leur capacité à expérimenter, à ajuster leurs protocoles, à tester des mécanismes de gouvernance inédits (notamment ceux mis en place pour lutter contre le pouvoir excessif des baleines) est l'une de leurs plus grandes forces.

---

[1] Les « baleines » sont des individus ou des entités qui possèdent une part très importante des tokens ou des droits de vote de l'organisation.

Les organisations autonomes décentralisées, bien qu'imparfaites, incarnent une vision d'une gouvernance collective où le pouvoir est partagé et où chaque voix compte. Dans le métavers, elles offrent un modèle pour repenser la manière dont nous dirigeons et gérons les espaces virtuels. À mesure que nous avançons, il devient clair que les DAO, avec leurs écueils et leurs promesses, nous invitent à réévaluer la démocratie elle-même, à envisager des formes de gouvernance encore plus inclusives, encore plus évolutives. Ce n'est pas seulement une question de technologie, mais une exploration des possibilités de transformer nos institutions.

Tout cela n'a rien d'utopique. Le métavers The Sandbox, déjà solidement implanté sur le marché, a franchi une étape majeure en mai 2024 avec la création de *The Sandbox DAO*. Cette organisation autonome décentralisée vise à transférer une partie des pouvoirs décisionnels directement à sa communauté, en impliquant les utilisateurs dans le développement et la gouvernance de la plateforme. Les détenteurs de SAND, le jeton natif, ainsi que les propriétaires de terrains virtuels, peuvent proposer et voter sur des améliorations. Soutenu par une trésorerie de 25 millions de SAND, la DAO est conçue pour évoluer en trois phases : une période initiale où la communauté commence à voter sur certaines propositions, suivie d'une transition vers une autonomie accrue, pour finalement parvenir à une gouvernance entièrement dirigée par les utilisateurs. Cette initiative souligne l'engagement de The Sandbox envers la décentralisation et la participation active de sa communauté.

Vous avez parlé des initiatives comme celles de The Sandbox qui cherchent à impliquer activement la communauté dans la gouvernance. En quoi cette dynamique participative peut-elle améliorer l'expérience immersive des participants ?

La dynamique de décentralisation change fondamentalement le rapport entre l'utilisateur et la plateforme. Là où les mondes virtuels centralisés — gouvernés par une seule entité — imposaient leurs règles sans possibilité de contestation, une plateforme décentralisée place les utilisateurs au centre du processus décisionnel. Les utilisateurs ne sont plus seulement consommateurs, mais aussi créateurs et décideurs. Cela donne naissance à un espace virtuel où la liberté individuelle et collective s'expriment de manière plus complète, puisque les utilisateurs sont à même de définir les conditions de leur expérience.

Sur Decentraland, le besoin de célébrer les moments marquants de l'année s'est rapidement manifesté parmi les joueurs. Des créateurs y ont confectionné des costumes d'Halloween, ainsi que des bonnets et pulls de Noël, qui ont su rencontrer leur public[1]. Cette économie, bien que parfois éphémère, a permis aux utilisateurs de façonner en temps réel des expériences festives répondant à leurs attentes, tout

---

[1] Pour plus de détails, vous pouvez consulter mon article sur le top 10 des collections Decentraland publié en 2024. Perez, C. (2024). Analyzing Transaction Networks of Popular Wearables within the Decentraland Metaverse. In Proceedings of the 2024 11th Multidisciplinary International Social Networks Conference (MISNC '24).

en enrichissant les moments de partage. Dans un environnement centralisé, si la plateforme n'a pas anticipé certains événements, il devient difficile de répondre efficacement aux demandes des utilisateurs, limitant ainsi son agilité et l'engagement de la communauté. Bien que cet exemple puisse paraître anecdotique, il illustre comment les participants peuvent ajuster les univers virtuels à leurs besoins, se les appropriant tant au niveau de la gouvernance que de l'expérience utilisateur.

Si les plateformes décentralisées semblent offrir davantage de liberté, elles coexistent néanmoins avec des modèles centralisés portés par de grandes entreprises. Selon vous, quel modèle de gouvernance est destiné à prédominer ?

Le métavers, en tant qu'espace accueillant les citoyens numériques, se doit d'offrir un modèle de gouvernance qui respecte les droits et devoirs fondamentaux de chacun. Si cet espace aspire à devenir plus qu'un simple lieu de divertissement, il devra incarner des valeurs démocratiques, où chaque utilisateur - citoyen du monde - aura un rôle dans les processus de décision qui affectent leur expérience. Un métavers véritablement ouvert doit être capable de s'adapter aux évolutions éthiques, de progresser en fonction des situations nouvelles, et de garantir que les intérêts de la communauté soient pris en compte dans sa gouvernance. Cela signifie que les individus participant au métavers doivent être parties prenantes de la gouvernance, non seulement au sein des plateformes individuelles, mais aussi de l'écosystème plus large. En ce sens Decentraland et The

Sandbox se rapprochent d'un modèle qui me semble intéressant.

Cependant, le métavers sera vraisemblablement composé d'une multitude d'espaces virtuels différents, chacun ayant ses propres règles et modes de fonctionnement. Des plateformes comme Horizon Worlds (Meta), Fortnite (Epic Games), Zepeto (NAVER Z) détenues par des acteurs majeurs, coexisteront avec des espaces plus modestes et vouées à s'agrandir comme ceux proposés par Spatial.io, Somnium Space, ou encore les plateformes décentralisées comme Decentraland et The Sandbox, où la gouvernance est entre les mains de la communauté. Ce paysage diversifié rend inévitable la coexistence de modèles centralisés et décentralisés, chacun avec ses avantages et ses limites.

Il serait naïf de condamner l'un de ces modèles au profit de l'autre. Les géants incarnent à la fois la force motrice de recherche et développement et l'impact nécessaire pour façonner un marché global. La création des outils matériels, comme les casques de réalité virtuelle ou augmentée, repose sur une ingénierie complexe et des investissements colossaux. Des entreprises telles que Google, HTC, Meta, Sony, Microsoft, et Samsung développent du matériel et des logiciels conçus pour prendre en charge les applications liées au métavers. Leur travail ne se limite pas au matériel : ils développent des écosystèmes complets pour assurer la compatibilité, l'interopérabilité et les performances nécessaires à des expériences immersives de qualité. Certes, les modèles décentralisés permettent une plus grande participation des utilisateurs dans les processus de gouvernance et un meilleur contrôle de leurs créations, mais des compromis seront inévitables.

Enfin, il restera des questions difficiles, notamment sur la manière de gérer des communautés aux cultures, croyances et intérêts divergents, sur l'équilibre entre liberté individuelle et responsabilité collective, et sur la manière de garantir l'égalité dans un environnement potentiellement dominé par des intérêts puissants. Ces compromis ne seront pas des signes d'échec, mais des étapes nécessaires pour naviguer dans la complexité d'un univers numérique partagé par une pluralité d'acteurs.

Vous mettez en avant l'importance des créateurs dans l'évolution des mondes virtuels. Étant donné leur rôle croissant dans les métavers, pensez-vous que ces créateurs joueront un rôle aussi central dans ces espaces qu'ils le sont actuellement pour le Web 2.0 ?

Les principaux acteurs ont compris qu'ils ont besoin de créateurs car ils ne se contentent pas d'offrir des solutions clés en main, ils proposent désormais des espaces ouverts, des toiles vierges où ces derniers sont invités à dessiner, à inventer, à modeler des expériences virtuelles, des vêtements numériques, des objets monétisables. Cette évolution illustre un changement de paradigme : les créateurs participent à la construction des mondes virtuels.

Leur rôle est de plus en plus valorisé, comme en témoigne l'initiative de Roblox, qui organise chaque année un Prix de l'innovation pour célébrer ses meilleurs créateurs. Ce prix récompense des talents variés à travers des catégories reflétant la diversité des expériences proposées. Parmi les distinctions, on trouve des trophées pour la meilleure nouvelle expérience, la meilleure expérience de marque ou encore le meilleur créateur de contenu. Roblox met également en lumière des expériences marquantes dans des genres variés, comme les jeux d'action-RPG, les expériences sociales, éducatives ou encore de mode. Cette reconnaissance témoigne de l'importance grandissante des créateurs dans la définition et l'évolution des espaces virtuels. Nous assistons à un élan artistique magistral dont nous n'avons pas encore pleinement conscience.

Les plateformes déploient des moyens considérables pour encourager et démocratiser la création. Les outils mis à disposition deviennent de plus en plus simples d'utilisation, permettant même aux utilisateurs les plus jeunes ou inexpérimentés de se lancer, sans nécessiter une maîtrise technique approfondie.

Par exemple, Roblox et Decentraland proposent des studios de création intuitifs, tandis que des plateformes comme Spatial mettent à disposition des templates Unity pour concevoir des expériences immersives et permettent une édition des espaces aussi simple que la création d'un site web traditionnel. Niantic et Snapchat facilitent la création d'expériences en réalité augmentée, rendant ces technologies accessibles à un public de plus en plus large.

Cependant, la distinction entre plateformes centralisées et décentralisées est fondamentale pour les créateurs, notamment en termes de liberté et de rétribution. Dans un modèle centralisé, où un éditeur unique contrôle l'infrastructure et prend les décisions, les créateurs sont soumis à des changements unilatéraux qui peuvent impacter leurs activités. Les rétributions peuvent être réduites, les frais augmentés, ou de nouvelles restrictions imposées, sans consultation préalable.

Les exemples ne manquent pas. Lorsque Google Maps a drastiquement augmenté le coût d'accès de son API, tout l'écosystème en a souffert. De même, l'abandon par Meta de Spark Studio, son outil de création de filtres, a laissé de nombreux créateurs démunis. Enfin, des plateformes comme Fotolia, qui permettaient aux créateurs de vendre leurs photographies, ont réduit le prix de vente de chaque photo à un euro, dont seulement 29 centimes revenaient à l'auteur. Cette décision unilatérale a plongé de nombreux créateurs dans des difficultés financières et suscité une vague de mécontentement. En réponse, certains ont boycotté la plateforme pour protester contre cette pratique, soulignant les désavantages du modèle centralisé.

Dans un modèle décentralisé, où la communauté détient le pouvoir, ces changements sont moins brusques et plus démocratiques. Les créateurs, qui sont aussi parties prenantes de la plateforme, participent aux décisions concernant les règles de rétribution et les pourcentages de droits d'auteur. Ce modèle tend à être plus transparent et équitable, car la valeur générée est souvent redistribuée plus largement au sein de la communauté.

De plus, le fait que la chaîne de blocs automatise certains processus et permette de réduire les intermédiaires contribue à une diminution des coûts. Dans un environnement décentralisé, ces coûts sont partagés collectivement, et les récompenses sont souvent plus généreuses. L'objectif n'est pas de maximiser les marges d'un acteur central, mais plutôt de créer de la valeur pour l'ensemble des participants.

Le véritable enjeu réside dans la capacité des plateformes à offrir un environnement stable et transparent pour les créateurs. Les plateformes décentralisées tendent à réduire les risques de décisions soudaines et arbitraires en intégrant la communauté dans la prise de décision. Mais dans tous les cas, le pouvoir de changer les règles, d'augmenter les coûts ou de bloquer des créations reste un danger latent, qu'il s'agisse d'une décision centralisée ou d'un vote communautaire biaisé par des intérêts puissants.

Vous indiquez que les espaces virtuels valorisent le travail des créateurs, notamment ceux spécialisés dans la modélisation 3D. Qu'est-ce qui inciterait d'autres créateurs et influenceurs du Web social, comme les influenceurs YouTube, à investir ces espaces et à les considérer comme une extension naturelle de leur activité ?

Le parallèle est frappant : tout comme le Web 2.0 serait un espace désert sans les créateurs de contenus bidimensionnels, les mondes virtuels n'existeraient pas sans les créateurs capables de concevoir des contenus tridimensionnels. Ces espaces immersifs ouvrent une multitude de nouvelles possibilités, non seulement pour les créateurs traditionnels souhaitant explorer des formats tridimensionnels, mais aussi pour les artistes, développeurs et designers déjà spécialisés dans ce dernier. Le métavers est une scène d'exposition, offrant aux créateurs un terrain d'expression inédit.

Quel que soit le type de création, les espaces virtuels, accessibles 24 heures sur 24, offrent la possibilité de tisser des liens bien plus profonds avec les audiences que les formats classiques. Contrairement aux simples vidéos ou réseaux sociaux, où l'interaction se limite souvent à des commentaires ou des « j'aime », le métavers permet une immersion dans un environnement partagé, favorisant des échanges plus riches et engageants.

Les utilisateurs peuvent se rencontrer en temps réel, échanger, vivre des moments ensemble et créer des souvenirs communs. Ces échanges, rendus possibles par la matérialité numérique des mondes virtuels, donnent une nouvelle dimension à la relation entre créateurs et communautés. Un exemple récent est celui de Mariale Marrero, influenceuse beauté suivie par plus de 30 millions de personnes. En partenariat avec Infinite Reality[1], elle a

---

[1] Infinite Reality est une plateforme spécialisée dans la création d'espaces virtuels immersifs et interactifs, conçus pour permettre aux marques, créateurs de contenu et influenceurs de se connecter à leur audience de manière innovante. Elle propose des outils personnalisés pour développer des expériences engageantes dans le métavers, combinant technologies de réalité virtuelle et augmentée avec des fonctionnalités de gamification.

créé un espace virtuel pour accueillir ses fans. Cette expérience immersive lui a permis de découvrir une nouvelle manière de se connecter à son audience. Elle a elle-même été surprise par la richesse des interactions dans cet espace, où elle a pu échanger presque en tête-à-tête avec ses abonnés, redécouvrant une proximité qu'elle avait perdue sur les plateformes traditionnelles. Même en son absence, l'espace reste accessible, offrant à ses fans la possibilité d'explorer, d'interagir entre eux et de s'immerger dans un environnement qui reflète son univers tout en proposant du contenu ludique, renforçant le sentiment de communauté.

Les espaces virtuels sont également un moteur d'innovation. Ils permettent aux créateurs de proposer des expériences modernes, intégrant de nouvelles fonctionnalités ou des mises en scène inédites. Cette adaptabilité est un levier stratégique pour capter et maintenir l'attention des audiences dans un univers où la nouveauté est reine.

Enfin, les espaces virtuels permettent aux marques d'offrir des interactions directes et personnalisées avec leurs consommateurs, allant bien au-delà des échanges traditionnels. Imaginez une marque organisant des rencontres individuelles avec des clients dans un espace virtuel ou présentant ses produits de manière interactive et engageante. Ces espaces ouvrent des possibilités sans précédent pour qualifier les clients, comprendre leurs besoins et renforcer leur fidélité. Nous faisons face à une extension naturelle de l'économie des créateurs. Elle ne se contentent pas de reproduire les formats plats, mais ajoutent une dimension de profondeur, de personnalisation et de connexion émotionnelle. Ces environnements, où les barrières de temps et d'espace disparaissent, offrent une puissance unique pour transformer la manière dont les parties prenantes interagissent avec leur public. Ces espaces permettent non seulement d'innover et d'interagir de manière plus authentique, mais aussi de bâtir des relations durables et engageantes.

Chapitre 9
L'Impact

« Ton empreinte virtuelle aura laissé des cicatrices bien réelles. »

Nous traversons une crise écologique majeure, et pourtant les avancées technologiques se poursuivent. Le métavers risque-t-il d'exacerber une situation déjà difficile ?

Nous parlons là d'un ensemble de technologies qui ont un point commun, elles nécessitent une quantité considérable de ressources pour fonctionner de manière efficace et continue. Selon les rapports de l'ADEME[1] et de l'Arcep, les centres de données, les infrastructures de réseau et la fabrication des terminaux (comme les casques de réalité virtuelle et les smartphones) contribuent de manière significative à l'empreinte mondiale. Le métavers ne fait qu'accentuer cette tendance, car il repose précisément sur l'ensemble de ces éléments et requiert une infrastructure toujours plus sophistiquée pour gérer des mondes virtuels complexes, immersifs et persistants capables d'accueillir simultanément de larges audiences.

Les technologies liées à la *blockchain*, essentielles pour sécuriser les transactions, ajoutent une couche supplémentaire de consommation énergétique. Les *blockchains* historiques, notamment celles utilisant le mécanisme de preuve de travail, sont particulièrement énergivores. Bien que des progrès significatifs aient été réalisés pour réduire leur impact environnemental

---

[1] ADEME : L'Agence de la transition écologique accompagne et finance la transition écologique en France. Arcep : L'Autorité de régulation des communications électroniques, des postes et de la presse garantit la régulation et la concurrence dans ces secteurs.

(Ethereum, après sa transition vers la preuve d'enjeu, consomme 99 % d'énergie en moins qu'auparavant), la combinaison de la *blockchain* avec les infrastructures associées rend le métavers probablement incompatible avec les objectifs de développement durable.

De plus, la fabrication des terminaux d'accès, tels que les smartphones et les casques de réalité virtuelle, nécessite des ressources matérielles importantes et a un impact carbone significatif, contribuant ainsi à l'épuisement des ressources naturelles, l'extraction de terres rares[1], et génère des déchets électroniques une fois ces terminaux obsolètes.

L'introduction massive de ces appareils sur le marché va donc exacerber les problématiques liées à la surconsommation de matériaux et à la gestion des déchets technologiques. De ce point de vue, soyons clairs, le métavers (au sens du divertissement) semble indéfendable.

Selon vous, le métavers risque d'intensifier la pression écologique. Peut-on néanmoins envisager qu'il puisse sensibiliser les utilisateurs à ces enjeux, notamment grâce à des expériences immersives ?

Malgré son impact environnemental, le métavers pourrait se révéler être un outil puissant pour sensibiliser et éduquer aux enjeux écologiques. Des recherches explorent comment la

---

[1] Les terres rares est un groupe d'éléments chimiques aux propriétés magnétiques, optiques et catalytiques qui sont indispensables à la fabrication de nombreuses technologies modernes. Leur extraction est toutefois coûteuse et souvent très polluante.

réalité augmentée peut réduire la distance psychologique des individus face à ces problématiques et encourager des comportements pro-environnementaux.

L'un de mes collègues a mené une étude sur l'impact des visualisations en réalité augmentée des effets de la pollution plastique sur l'engagement écologique des participants, en mesurant notamment leur propension à faire des dons pour des causes environnementales[1] après avoir visualisé des animaux marins empêtrés dans des matières plastiques. Les résultats montrent des effets variables selon le niveau d'engagement initial : l'AR semble particulièrement efficace pour réduire la distance psychologique chez les individus moins engagés, renforçant leur sensibilisation. Le travail met donc en lumière le potentiel des technologies immersives pour favoriser des changements de comportement. Notons toutefois que pour les individus déjà sensibilisés, l'approche n'est pas concluante et semble parfois même générer un effet inverse.

Lors de conférences et salons, la réalité virtuelle et augmentée peuvent également être utilisées pour promouvoir des actions humanitaires de divers types, souvent difficiles à valoriser par un simple discours. Par exemple, Médecins Sans Frontières propose une expérience immersive avec des casques Meta Quest Pro, permettant

---

[1] Giuseppe Attanasi, Barbara Buljat Raymond, Agnès Festré, Andrea Guido. Augmented Reality technology as a tool for promoting pro-environmental behavior and attitudes. 2023. hal-04337158

d'assister virtuellement à une opération de terrain. Ces nouveaux dispositifs, en nous plongeant au cœur de l'action, permettent de mieux comprendre l'importance de telles initiatives. La mise en place des expériences est simple et peu coûteuse : elle nécessite uniquement une caméra 360° et le chargement des vidéos sur l'application YouTube VR, permettant de les partager avec des millions de personnes.

Le métavers et les objectifs de développement durable (ODD) ne sont donc pas intrinsèquement incompatibles, mais leur coexistence dépendra de la manière dont les technologies seront conçues et mises en œuvre. L'un des principaux défis réside dans la consommation énergétique massive requise pour le fonctionnement des infrastructures. Comme évoqué précédemment, des efforts devront être entrepris pour réduire l'impact environnemental des centres de données, des réseaux de communication, et des terminaux utilisateur, tels que les casques de réalité virtuelle.

Le métavers pourrait même devenir un partenaire essentiel des objectifs de développement durable. Utilisé de manière réfléchie, il pourrait promouvoir des solutions écoresponsables et devenir un espace où s'inventent de nouvelles pratiques respectueuses de l'environnement. On parle souvent de limiter les déplacements physiques grâce au télétravail, aux réunions virtuelles, voire à des conférences immersives en réalité virtuelle. Cela pourrait contribuer à réduire les émissions de carbone associées aux transports, allégeant notre empreinte.

Cependant, il serait naïf de croire que cette transition s'opérera sans un cadre juridique solide. Jusqu'ici, chaque révolution technologique a accru l'exploitation des ressources, souvent au détriment de l'environnement. Pour faire du métavers un vecteur de réduction de déplacements et d'économies de ressources, il sera indispensable de mettre en place des encouragements, des incitations et un cadre régulateur fort. Ce cadre doit orienter l'innovation technologique vers des usages qui renforcent la préservation des écosystèmes et la diminution de notre impact environnemental. C'est un chemin déjà emprunté, mais qui doit se poursuivre et s'intensifier. Dans le cas contraire, les espaces virtuels ne seront qu'un vecteur supplémentaire d'extraction de ressources, d'émissions de gaz à effet de serre, de consommation énergétique et, plus globalement, d'une accélération vers le désastre climatique.

Les régulateurs, les entreprises technologiques et les utilisateurs doivent collaborer pour s'assurer que le métavers contribue à un avenir durable plutôt qu'à l'aggravation de la crise. Les innovations technologiques doivent être mises au service des objectifs de sobriété numérique, et des solutions telles que la slow tech[1] peuvent montrer la voie vers une utilisation plus modérée et responsable des outils numériques.

---

[1] La slow tech est un mouvement qui promeut une approche plus réfléchie et durable des technologies, en mettant l'accent sur la sobriété numérique, l'éthique, et la réduction des impacts environnementaux, sociaux et psychologiques liés à leur usage.

Vous avez évoqué l'utilisation du métavers pour sensibiliser aux défis environnementaux. Pensez-vous qu'il puisse aller plus loin et devenir un outil concret pour aider à résoudre ces défis, comme dans le cas des jumeaux numériques ?

En effet, pour répondre à cette question, il faut se tourner du côté du métavers industriel et notamment des jumeaux numériques. Ces modélisations virtuelles d'objets et d'écosystèmes bien réels offrent une capacité inédite de créer des simulations environnementales en temps réel, permettant de visualiser et d'analyser les conséquences directes de crises telles que le réchauffement climatique ou la perte de biodiversité. Les jumeaux numériques, en particulier, constituent un outil puissant pour recréer des écosystèmes entiers dans l'espace virtuel. Ils permettent de simuler les effets du changement climatique sur les océans, les forêts ou les habitats naturels, offrant une vision détaillée des impacts potentiels.

Au-delà de la modélisation, ces technologies permettent d'expérimenter des stratégies d'adaptation et d'atténuation en temps réel. Les simulations s'avèrent être des outils précieux pour identifier les actions les plus efficaces à mettre en œuvre, favorisant une meilleure prise de décision dans la préservation des écosystèmes.

Le projet Earth-2 de NVIDIA est d'une certaine manière une innovation dans la lutte contre le réchauffement climatique. Earth-2 utilise des supercalculateurs avancés et des modèles d'intelligence artificielle pour simuler notre climat avec une précision et une échelle jamais atteinte.

Cette « Terre jumelle » numérique recrée les dynamiques jusque dans leurs moindres détails, permettant des prédictions climatiques accélérées et d'une précision inédite. Grâce à Earth-2, nous pouvons plonger dans une Terre simulée et anticiper l'évolution de nos actions sur notre environnement. L'alliance de la technologie et de la science dans un dialogue avec la planète est un effort remarquable pour saisir, comprendre, et – peut-être – la préserver.

D'autres projets plus symboliques comme Non-Fungible Animals (NFA) du Fonds mondial pour la nature (WWF), vendent des œuvres d'art numériques pour financer la protection des espèces en danger. Ces derniers ont recréé des représentations visuelles de 10 espèces d'animaux en danger en émettant pour chaque espèce un nombre de jetons strictement identique au nombre de spécimens restants. Parmi les espèces les plus emblématiques on trouve le marsouin du Pacifique (Phocoena sinus) avec seulement 22 spécimens, le gorille de la Rivière Cross (Gorilla gorilla diehli) estimé à 300 individus, le tigre de l'Amour (Panthera tigris altaica) avec une population d'environ 600 individus, le panda géant (Ailuropoda melanoleuca) comptant 1863 individus, et enfin l'ibis géant (Thaumatibis gigantea), dont il ne reste que 290 individus dans la nature. Ces chiffres illustrent l'urgence des efforts de conservation pour les espèces menacées. Tout individu qui se procure un jeton non fongible de l'un des animaux contribue par son don à sa préservation.

La démarche est symbolique et montre comment les jetons non fongibles peuvent s'intégrer dans une démarche pour collecter des fonds et soutenir des initiatives environnementales de manière novatrice. Le lien avec le métavers n'est pas direct ici, car le jeton n'a pas de fonction spécifique dans les environnements virtuels. Cependant, il serait tout à fait envisageable d'en intégrer l'usage sous forme d'un animal de compagnie virtuel pour les plus jeunes, ce qui permettrait de sensibiliser une cible différente. De telles opportunités de mécénat et d'engagement communautaire pour des causes écologiques transforment le métavers en un espace où l'éducation environnementale peut mobiliser l'action collective.

De manière plus générale, la technologie ne se limite pas à consommer des ressources, elle peut devenir une source de régénération et de soutien pour la planète. Le développement technologique et la durabilité ne sont pas incompatibles, ils peuvent se renforcer mutuellement, ouvrant la voie à un avenir plus respectueux de l'environnement.

Pour prendre un exemple d'actualité, la technologie développée par Twelve[1] illustre comment l'innovation peut non seulement répondre aux besoins énergétiques modernes, mais aussi devenir un moteur de durabilité, transformant notre rapport aux ressources et à l'environnement. En utilisant le CO_2 comme matière première, Twelve propose une solution de

---

[1] D'autres acteurs évoluent également sur ce marché. Pour consulter les activités de Twelve, rendez-vous sur : https://www.twelve.co

« photosynthèse » industrielle qui permet de convertir à une échelle industrielle le carbone en hydrocarbures renouvelables. Ces derniers peuvent alimenter des secteurs particulièrement énergivores et difficiles à décarboner, comme l'aviation.

Cette technologie, bien qu'elle consomme eau et électricité, peut jouer un rôle central dans la transition énergétique en offrant une alternative aux énergies fossiles, tout en respectant les écosystèmes naturels. Cette ambition n'est pas qu'une promesse : en 2022, Twelve a levé 130 millions de dollars grâce à des investisseurs majeurs tels que DCVC et la Chan Zuckerberg Initiative. Avec un total de plus de 216 millions de dollars de capitaux levés, l'entreprise s'impose comme un acteur solide et visionnaire dans le domaine des technologies durables. Twelve n'est pas la seule entreprise à se positionner sur ce secteur, ce qui témoigne d'une dynamique forte et donne des raisons d'espérer.

Si l'immersion peut rapprocher les utilisateurs de problématiques environnementales via les espaces virtuels, ne risque-t-il pas aussi, paradoxalement, de les éloigner du contact direct avec la nature ?

Le métavers pourrait modifier notre perception de la nature de deux façons opposées. Il peut éloigner certains utilisateurs de la nature physique en les plongeant dans des mondes virtuels où l'expérience de l'environnement est dématérialisée. Cela pourrait favoriser une sorte de déconnexion avec les écosystèmes réels, où l'on perdrait progressivement l'habitude de vivre en contact direct avec la nature, au profit de simulations virtuelles. Passer des heures, des jours, absorbés par la lumière froide d'un écran, fait naître un étrange sentiment d'irréalité. Sortir enfin, quitter cet univers clos pour rejoindre l'espace réel, semble alors presque surnaturel. C'est une expérience que j'ai vécue maintes fois via l'enfermement, après de longues périodes consacrées à boucler des travaux de recherche. À chaque pas, le sol me paraissait moins tangible, comme si mes pieds flottaient au-dessus de la terre. Il faut alors une adaptation, une re-familiarisation, pour que le monde extérieur retrouve sa place dans notre esprit.

C'est un phénomène curieux, un choc de réalité, où l'extérieur paraît neuf. Cette sensation, troublante en soi, est aussi le présage de ce qui pourrait advenir avec l'usage excessif de la réalité virtuelle. Imaginez les effets après des heures passées dans un environnement purement artificiel : le retour à la nature et au réel pourrait bien devenir une expérience de réenchantement, aussi fascinante qu'étrangère. Il me semble que ce phénomène se rapproche de ce qui est dénommé la déréalisation[1] en psychologie mais ici de manière temporaire et légère.

J'ai également été étonné par les retours de nombreux étudiants qui, après avoir passé du temps en réalité virtuelle, me confiaient que le monde réel leur semblait plus terne, moins coloré. J'ai ressenti cette impression, qui soulève des

---

[1] La déréalisation est un trouble de la perception où une personne ressent une distance ou une étrangeté vis-à-vis de son environnement, qui lui paraît irréel ou déformé, tout en restant consciente que cette perception est subjective. Elle est souvent associée à des états d'anxiété ou de dissociation.

questions profondes sur notre rapport aux mondes virtuels. Ces derniers exercent une fascination à la fois séduisante et hypnotique qui, malgré leurs limitations techniques, semblent captiver les jeunes presque autant que le monde réel, voire davantage.

Je me souviens de nos parents, inquiets de nous voir trop près de la télévision lorsque nous étions jeunes. D'abord, la télévision s'est glissée dans la poche de chacun avec l'arrivée des smartphones et aujourd'hui, avec la réalité virtuelle, nous avons littéralement la tête dans l'écran. Je n'ose imaginer ce qu'ils diraient face à cette évolution. Tout cela suscite une inquiétude légitime quant à cette technologie.

Michel Serres, philosophe, historien des sciences et homme de lettres, évoquait notre relation aux smartphones comme une forme de décapitation symbolique. Il reprenait l'image du miraculé de Saint Denis, cet évêque du IIIe siècle, décapité sur ordre romain, qui aurait récupéré sa tête entre ses mains et marché jusqu'à la colline de Montmartre. Selon Serres, nos smartphones, tablettes et autres appareils numériques sont devenus nos « têtes pensantes » externalisées, concentrant mémoire, perception et capacités d'action.

Ces dispositifs, véritables prolongements de nous-mêmes, cumulent les avantages d'une tête : une mémoire, une capacité de traitement et d'apprentissage, et peut-être un jour, une forme d'intelligence propre. Pourtant, bien que nous soyons « suppliciés » par ces technologies, nous ne sommes pas encore totalement décapités. Ces outils nous accompagnent, et à mesure que nous leur déléguons nos fonctions cognitives, nous devons veiller à ne pas inhiber ces mêmes capacités en nous-mêmes.

Aujourd'hui, avec les casques de réalité virtuelle, la métaphore de Michel Serres prend une nouvelle dimension. Ce n'est plus dans nos mains que se tient cette "tête" externalisée, mais directement en lieu et place de notre propre tête, remplaçant nos perceptions par une interface technologique. Alors que nous gravissons cette nouvelle colline, il reste à savoir ce que nous trouverons au sommet.

Nous faisons face à une technologie qui amplifie nos capacités à communiquer à distance mais qui pourrait aussi modifier la qualité de nos interactions sociales. Craignez-vous qu'une telle technologie isole davantage les individus plutôt que de les rapprocher ?

Les interactions sociales creusent leur sillage au fil du temps, façonnées certes par les technologies, mais rarement bouleversées dans leur essence. Le métavers, loin de proposer une rupture totale, s'inscrit comme une extension de ce que nous connaissons déjà : une alternative lorsque le monde physique montre ses limites. Les rencontres qui n'ont pas lieu dans la chair se transportent dans cet espace, mais le besoin profond de se retrouver, de partager un regard, un silence ou une conversation face à face demeure irremplaçable.

Le métavers ne viendrait donc pas transformer nos interactions dans leur fondement, mais les amplifier, les compléter, parfois les enrichir. Prenons un exemple simple

: une réunion où, à défaut de présence physique, un collègue à des milliers de kilomètres peut prendre place, dans l'instant, et participer. Le pouvoir de la technologie, souvent redoutée pour ses capacités d'isolement, peut dans ce cas devenir un pont entre les êtres.

Certes, il y a le risque, bien observé avec les smartphones, d'une forme de déconnexion paradoxale, où ceux présents à une même table s'absentent dans un ailleurs numérique. Ce même phénomène pourrait se reproduire avec des lunettes de réalité augmentée, où l'on serait aussi attentif à des personnes distantes qu'à celles assises en face de nous. Mais ce n'est pas tant une transformation que la continuation d'un dilemme : comment équilibrer l'immédiat et le lointain, l'intime et le global ?

Cette technologie propose, au fond, d'augmenter nos possibilités sociales, d'offrir des ponts là où il n'y avait que des murs. Mais elle ne saurait remplacer l'étreinte réelle, le rire partagé ou la complicité d'un regard. Elle ne fait que déplacer le curseur, enrichissant parfois, certes, mais sans jamais effacer l'irremplaçable. Elle présente de nouveaux choix et de nouvelles limites, mais ces choix sont les nôtres.

Chapitre 10
L'avenir

« Le rêve d'un monde infini s'est heurté aux limites de l'essentiel. »

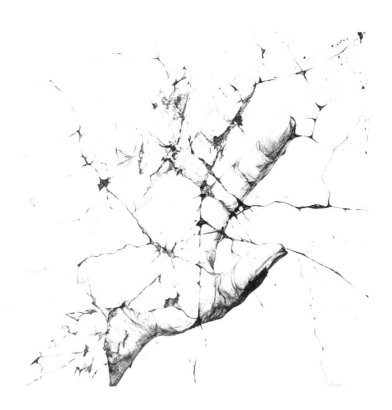

À la fin de cet ouvrage, et à travers tous les exemples abordés, on a l'impression que le métavers, avec ses expériences immersives et ses équipements futuristes, est déjà une réalité. Alors, pourquoi avons-nous encore le sentiment de ne pas pleinement la vivre ?

Les expériences immersives que nous imaginons sont bien là, mais elles restent pour l'instant cloisonnées par plusieurs obstacles. Tout d'abord, leur conception et leur commercialisation sont extrêmement coûteuses. Construire des environnements immersifs de haute qualité nécessite des investissements considérables, et leur mise sur le marché impose des dépenses marketing majeures. Face à cela, de nombreux acteurs ont choisi de restreindre leur accessibilité en privilégiant des usages exclusifs : des musées qui accueillent des installations immersives uniques, ou des clients spécifiques qui financent des expériences sur mesure.

Cette exclusivité par design[1] freine la démocratisation de ces technologies, limitant leur portée auprès du grand public. Par ailleurs, réunir un grand nombre de participants dans un même espace virtuel pose des défis techniques colossaux. La gestion des ressources nécessaires pour assurer la fluidité et l'interactivité dans ces environnements, en particulier à grande échelle, reste une barrière. C'est pourquoi les accès simultanés sont souvent restreints, limitant la possibilité pour des masses importantes d'utilisateurs de partager ces expériences ensemble.

---

[1] Exclusivité par design fait référence au fait que les acteurs conçoivent les expériences tout en sachant depuis le départ qu'elles ne seront pas partagées ouvertement.

Le futur est en construction, mais comme toute évolution technologique, sa généralisation prend du temps. Les expériences existent, mais elles sont encore en phase de maturation et de diffusion. L'accès élargi à ces innovations dépendra de la réduction des coûts, de l'amélioration des infrastructures et de la volonté de les rendre plus inclusives pour toucher un large public.

Quel est selon vous la stratégie qui doit être envisagée par les grands acteurs pour emporter dans le métavers des milliards d'individus ?

Les estimations suggèrent que nous approchons du premier milliard d'utilisateurs, mais cette croissance est largement portée par le secteur du jeu vidéo, qui agit comme un moteur principal pour l'adoption de ces environnements virtuels notamment chez les jeunes.

Pour attirer d'autres générations vers le métavers, les acteurs pourraient s'inspirer du concept de *quiet luxury*, qui valorise une sophistication discrète et une intégration harmonieuse dans le quotidien. Appliqué à la technologie, ce principe donne naissance à la *quiet technology*, où l'innovation se fond dans la vie des utilisateurs, offrant des expériences fluides, intuitives et presque imperceptibles.

Aujourd'hui, le métavers et les cryptomonnaies restent perçus comme complexes et d'une certaine manière ont mauvaise réputation. Elles nécessitent un matériel coûteux et des compétences techniques, ce qui freine leur adoption à grande échelle. Elles sont tout sauf silencieuses. Pour surmonter cet obstacle, il est possible de rendre ces technologies plus accessibles et naturelles, sans qu'elles monopolisent l'attention ou exigent une compréhension de leur fonctionnement.

Je me souviens d'un échange avec le PDG d'une société de conseil française spécialisée dans le métavers. Il m'expliquait que ses clients insistaient pour éviter toute mention des termes NFT et *blockchain* auprès de leur public et de leurs clients. Ces entreprises préféraient que ces technologies ne soient pas évoquées dans les services qu'elles proposaient, de peur de heurter ou d'inquiéter leur audience. Pourtant, les prestations en question reposaient bel et bien sur la *blockchain* et les jetons non fongibles, démontrant une certaine ambivalence entre l'utilisation concrète de ces technologies et leur perception par le grand public.

Les outils doivent devenir des facilitateurs discrèts, enrichissant la vie des utilisateurs tout en restant en arrière-plan. Cela implique de simplifier radicalement les interfaces, d'améliorer l'expérience, d'augmenter nos capacités à accueillir les individus au même endroit et de minimiser les frictions à l'entrée. Par exemple, l'interopérabilité entre plateformes, la réduction des coûts d'accès, et l'automatisation des processus techniques sont des leviers stratégiques.

En s'alignant sur les principes de simplicité et d'élégance fonctionnelle, les grands acteurs peuvent développer un métavers qui ne perturbe pas, mais qui complète la vie des utilisateurs. Cette démarche nécessite une réflexion centrée sur l'humain, où chaque innovation est pensée non pas pour impressionner par sa complexité, mais pour offrir une valeur réelle et tangible, accessible à tous. C'est ainsi que le métavers pourra transcender les barrières actuelles et devenir un espace universellement adopté.

Aujourd'hui, grâce aux avancées technologiques, il est possible de capturer des vidéos spatiales avec des appareils comme l'iPhone 15 Pro et supérieurs, et de revivre ces souvenirs dans un environnement immersif à l'aide du casque Apple Vision Pro. Cette expérience ne se limite pas à regarder une simple vidéo : vous devenez réellement un personnage au cœur de votre film, observant les autres dans l'espace tels qu'ils étaient, avec une sensation presque palpable de leur présence.

Ce cas d'usage dépasse largement l'impact émotionnel d'une photo ou d'une vidéo traditionnelle. Il offre une connexion profonde avec les souvenirs, permettant de revivre des instants de vie avec une intensité saisissante. Pas besoin de discours technique pour saisir l'intérêt d'un tel outil : revivre un moment précieux de manière aussi immersive parle de lui-même. C'est un argument fort mis en avant par Apple, et il ne fait aucun doute que d'autres acteurs s'inspireront de cette approche à l'avenir.

Les lunettes connectées développées par Meta en collaboration avec Ray-Ban[1] ne proposent ni réalité augmentée ni réalité virtuelle. Elles conservent le design

---

[1] https://www.meta.com/fr/en/smart-glasses/shop-all/

emblématique de la marque tout en intégrant des fonctionnalités avancées qui simplifient l'expérience utilisateur. Grâce à l'assistant vocal Meta AI, il est possible de poser des questions à vos lunettes, y compris sur ce qui se trouve dans votre champ de vision[1], sans avoir à manipuler un appareil. Ces lunettes (de soleil et/ou de vue) permettent également de prendre des photos et des vidéos, de passer des appels, et d'écouter de la musique ou des podcasts, le tout sans contact manuel ni véritable interface. L'audio est diffusé via des haut-parleurs ouverts intégrés dans les branches, offrant une qualité sonore remarquable. Ce dispositif illustre une tendance vers la simplification et l'effacement de la technologie au profit de l'usage.

Quelles sont les dimensions fondamentales sur lesquelles le métavers peut évoluer et transformer le paysage technologique ?

Le métavers repose sur deux dimensions principales d'éloignement du réel : le virtuel et l'imaginaire. Ces dimensions, lorsqu'elles se croisent, permettent de générer une infinité de possibilités technologiques et sociales. Toutes les innovations qui s'éloignent du réel selon ces axes participent d'une forme d'extension de la réalité, redéfinissant notre perception et nos interactions.

---

[1] Cette fonctionnalité n'est pas encore disponible en Europe.

La transition du réel au virtuel se fait de manière progressive le long de ce que l'on appelle le continuum de Milgram[1]. Elle commence par l'ajout d'éléments virtuels dans un environnement réel, comme dans la réalité augmentée, où des objets numériques viennent enrichir notre perception du monde tangible. Elle continue avec l'intégration de quelques éléments réels dans des environnements majoritairement virtuels, comme dans la virtualité augmentée, où les données issues du monde réel sont utilisées pour alimenter des espaces numériques. Enfin, cette transition peut s'éloigner totalement du réel pour créer des univers entièrement virtuels.

La dimension allant du réel à l'imaginaire, quant à elle, prend appui sur les codes et cadres du monde tangible, comme les lois physiques, les objets ou les machines, pour évoluer progressivement vers des constructions imaginaires plus élaborées. Ces environnements peuvent s'affranchir complètement des lois du réel pour donner naissance à des mondes fictifs, où l'imagination devient la seule limite.

Pour mieux comprendre ces intersections, on peut examiner des exemples. Dans sa forme la plus fidèle au réel, des pratiques comme le cosplay ou le déguisement permettent de recréer visuellement des personnages fictifs tout en restant ancrés dans un cadre physique tangible. Ces

---

[1] Milgram, P., Takemura, H., Utsumi, A., & Kishino, F. (1994). Augmented reality: A class of displays on the reality-virtuality continuum. *Proceedings of SPIE - The International Society for Optical Engineering, 2351.* https://doi.org/10.1117/12.197321

pratiques traduisent une légère intrusion de l'imaginaire dans un contexte réel, sans ajout de virtualité.

Lorsque le virtuel s'intègre au réel tout en y restant étroitement lié, les jumeaux numériques en offrent une illustration. Ces environnements virtuels, utilisés dans l'industrie, reproduisent avec précision des objets ou des systèmes réels, comme une usine ou une pièce mécanique, grâce à des données collectées en temps réel. Ces outils permettent de simuler, optimiser et anticiper des processus, tout en restant profondément enracinés dans le monde tangible.

Lorsque le virtuel et l'imaginaire se croisent, ils donnent naissance à des expériences déconnectées du réel. Ces univers numériques établissent leurs propres lois physiques et narratives, offrant aux utilisateurs une immersion totale dans des mondes fictifs où le réel n'a plus de prise. C'est en ce sens que l'entreprise bem.builders (*Brand experience in the metaverse*) a publié un manifeste de l'antigravité invitant les designers à imaginer des mondes virtuels en se détachant des contraintes matérielles.

Des cas d'usage émergent et continueront de se développer, explorant chaque subtilité possible entre ces dimensions. Qu'il s'agisse de renforcer le lien avec le réel ou de s'en éloigner pour embrasser pleinement le virtuel et l'imaginaire, ces croisements offrent un terrain fertile pour réinventer nos interactions, nos perceptions et notre rapport à la réalité.

Projetons-nous maintenant dans 3 à 5 ans, comment le métavers pourrait-il s'intégrer dans notre société ?

Loin de provoquer une rupture brutale, nous allons assister à une transformation progressive et profonde de nos interactions, de nos métiers, et de nos modes d'apprentissage. Si l'on se fie aux promesses qui se dessinent, il semble que nous ne soyons pas seulement à l'aube d'une révolution technologique, mais d'une redéfinition subtile de la manière dont nous concevons notre rapport à l'espace, au temps, et à nous-mêmes. La transition a déjà commencé.

Prenons l'exemple des villes, où des innovations visuelles transforment des espaces ordinaires en scènes spectaculaires, mêlant physique et virtuel. Les façades d'immeubles deviennent des écrans vivants grâce à la réalité augmentée, offrant des récits visuels qui captivent et interpellent les passants. Cette dynamique s'observe également dans le domaine de l'événementiel. Si les concerts entièrement virtuels, comme « Astronomical » de Travis Scott dans Fortnite[1], ont marqué les esprits, la véritable évolution semble résider dans l'intégration du numérique dans les performances physiques.

---

[1] Ce dernier a rassemblé plus de 27,7 millions de spectateurs en seulement cinq dates. Pour visionner le concert, regardez la vidéo sur YouTube : https://www.youtube.com/watch?v=wYeFAlVC8qU

Les concerts traditionnels s'enrichissent d'éléments immersifs, combinant incrustations numériques et scénographies réelles pour créer des expériences hybrides. Des structures comme le dôme de Las Vegas deviennent des supports où réel et virtuel se confondent, plongeant les spectateurs dans des mondes où la frontière entre ces deux dimensions s'efface. Des entreprises comme Disguise, spécialisées dans le développement de logiciels et matériels pour ces spectacles, repoussent les limites du possible en redéfinissant les codes de l'expérience visuelle et interactive. À travers cette convergence du numérique et du réel, le métavers se diffuse progressivement dans nos vies, non pas comme une rupture, mais comme un prolongement de notre environnement enrichi d'une nouvelle couche narrative et esthétique.

Dans le secteur de l'éducation, cette révolution pourrait se traduire par le passage d'un apprentissage où l'histoire est racontée à un apprentissage où l'histoire est vécue. Les jeunes esprits ne se contenteraient plus d'écouter un enseignant, de lire des pages de manuels ou de regarder des diapositives ; ils plongeraient littéralement dans le passé, ou même dans des mondes fictifs. Imaginez, non pas un tableau noir, mais un espace où les concepts prennent forme et où le savoir se fait palpable. Nous passerions du *story-telling* au *story-living* où le vécu dépasse la simple transmission de connaissances. Cela apporterait immédiatement une forme d'expérience à l'apprentissage.

Les étudiants amenés à travailler à l'hôpital peuvent déjà tirer parti des mondes virtuels pour s'immerger dans des situations qu'ils rencontreront peut-être un jour sur le terrain. Ces technologies leur permettent de se familiariser avec les différents traumatismes d'un patient en participant à des simulations pédagogiques. Il est important de les préparer à gérer le stress et à réagir concrètement face à des scénarios extrêmes, impossibles à reproduire dans une salle de classe traditionnelle.

Les mondes virtuels offrent cette possibilité de recréer des cas atypiques, permettant aux professionnels d'agir avec davantage de sérénité dès leurs premières interventions sur le terrain. Dans notre exemple, les environnements immersifs contribuent à une forme de désensibilisation progressive des apprenants face aux traumatismes. Cet apprentissage virtuel facilite la transition entre la théorie et la pratique, offrant un espace intermédiaire où les erreurs peuvent être commises sans conséquences, renforçant la confiance et les compétences des futurs professionnels.

Mais ce n'est pas uniquement dans les écoles et universités que le métavers pourrait s'inviter. Nos entreprises, nos bureaux, les salles de réunion se réinventeront peut-être dans des espaces virtuels, légers et accessibles, où les interactions seront plus fluides et immédiates. Bientôt, la lourdeur des ordinateurs sera remplacée par des lunettes de réalité augmentée, ces fenêtres ouvertes sur un monde hybride. Et dans ce cadre, les Apple Vision, Meta Orion et autres précurseurs ne seraient que les premiers pas vers une dissolution de l'écran tel que nous le connaissons.

Les Spectacles[1] de Snap illustrent cette évolution vers une réalité augmentée plus accessible et intégrée. Annoncées pour la première fois en novembre 2016, ces lunettes connectées dotées de caméras ont connu plusieurs générations d'améliorations. Les Spectacles 2, en avril 2018, ont introduit des ajustements au design et aux fonctionnalités, tandis que les Spectacles 3, en août 2019, intégraient deux caméras pour permettre une capture 3D. En mai 2021, les Spectacles 4 ont ajouté des capacités avancées de réalité augmentée, ouvrant la voie à une utilisation plus immersive. Enfin, en septembre 2024, les Spectacles 5 marquent une étape importante avec un champ de vision élargi et une interface utilisateur améliorée. Ces progrès reflètent l'engagement des grands acteurs à démocratiser peu à peu les technologies de réalité augmentée, les rendant accessibles à des usages variés.

La société Distance, fondée par les créateurs de Varjo[2], développe une technologie de réalité augmentée innovante capable de transformer n'importe quelle surface transparente, comme les parebrises de voitures ou d'avions, en une interface. Grâce à un champ lumineux généré par ordinateur, cette solution mélange le virtuel et le réel en couvrant l'intégralité du champ de vision, sans nécessiter de

---

[1] Pour en savoir plus https://www.spectacles.com. Notez que les dernières versions des Spectacles ne sont accessibles qu'aux créateurs.
[2] Entreprise finlandaise fondée en 2016, Varjo est spécialisée dans la conception de casques de réalité virtuelle (VR), augmentée (AR) et mixte (MR) destinés à un usage professionnel. Ces casques se distinguent par leur résolution exceptionnelle, équivalente à celle de l'œil humain, et sont utilisés dans des secteurs tels que l'aérospatial, l'automobile et l'architecture pour des applications de simulation, de formation et de conception.

casques ou lunettes. Initialement destinée aux secteurs de la mobilité et de la défense, cette innovation vise à rendre la réalité augmentée plus accessible, discrète et intégrée dans notre quotidien, ouvrant de nouvelles perspectives.

Il y a également une forme de renouveau social possible. Tout comme aujourd'hui, nous soignons nos profils sur les réseaux sociaux, demain, nous ajusterons avec soin nos avatars dans les mondes virtuels. La mode digitale, déjà en pleine effervescence, nous invite à repenser notre rapport à l'apparence, non plus seulement dans le monde physique, mais dans cet autre espace où l'être et le paraître se fondent. Finalement, c'est une société parallèle que nous pourrions voir émerger : non pas en opposition à la nôtre, mais en dialogue constant. Un univers tridimensionnel, où le temps et l'espace sont reconfigurés selon nos besoins et nos désirs.

Quels sont les scénarios les plus optimistes et pessimistes pour l'avenir ?

Il est délicat de parler de scénarios purement optimistes ou pessimistes. Il ne s'agit pas d'une entité univoque, mais plutôt un écosystème aux ramifications multiples. Le métavers, tel un réseau de possibles, se construit au fil des interactions entre les technologies, les acteurs, et les utilisateurs. S'il est une chose que nous enseigne l'histoire des innovations, c'est qu'elles ne se réalisent jamais en ligne droite. Les avancées se mêlent aux tâtonnements, les promesses se heurtent aux contingences.

Dans un scénario pessimiste, le métavers pourrait rester une niche réservée à quelques secteurs spécifiques. Ce monde virtuel, au lieu de conquérir de nouveaux horizons, se verrait confiné aux usages où il a déjà prouvé son efficacité : l'éducation, l'industrie, le divertissement, le sport, la culture. Des expériences isolées où chaque éditeur garde un contrôle total des expériences.

Le métavers, dans ce cas, ne parviendrait pas parfaitement à s'ériger en phénomène global et s'enliserait dans un enchevêtrement de technologies incompatibles, incapables de s'accorder sur des standards communs. Le rêve d'un métavers fluide, où chaque espace virtuel serait relié aux autres, où l'on pourrait naviguer d'une expérience à l'autre comme on surfe d'un site à l'autre, se heurterait aux murs de la fragmentation. On verrait émerger un archipel de mondes virtuels isolés, sans passerelles pour les relier. Un métavers désuni, éclaté, où chaque plateforme s'enferme dans ses propres silos. Ce manque de cohérence affaiblirait les usages, et réduirait le potentiel fédérateur de cette technologie.

Mais même dans ce scénario, il ne s'agirait pas d'un effondrement, simplement d'une stagnation. Le métavers existerait toujours, mais dans une forme atrophiée, limité à des usages ponctuels, incapables de transcender leur condition d'outils spécifiques. Je crois que c'est un peu le scénario dans lequel nous évoluons aujourd'hui, mais il me semble que celui-ci n'est que temporaire.

Dans le second scénario, plus optimiste, nous pourrions envisager un avenir où les acteurs du métavers trouvent des terrains d'entente, où l'interopérabilité devient la norme, et où les standards communs (à l'image de OpenXR[1] ou de OpenUSD[2] et de l'Open Metaverse Alliance) permettent de faire émerger un véritable Web mixte, un Web 3D qui combinerait intelligemment le Web 3 porté par la chaîne de blocs avec le Web 2 traditionnel et également lorsque nécessaire les technologies immersives en trois dimensions. Ce futur-là verrait des espaces virtuels et des pages web interconnectés, où l'on passerait d'une page, d'un monde à l'autre sans rupture, comme on parcourt les quartiers d'une ville.

Dans cette version idéalisée, le métavers ne se contenterait plus de divertir ou de former, il deviendrait un espace où les sphères professionnelles, sociales et même personnelles convergeraient, où chacun pourrait se recréer, se réinventer, tout en gardant la maîtrise de ses données, de son identité, et de son parcours virtuel. On peut facilement imaginer un Web évoluant d'un format traditionnel, tel que nous le connaissons, vers une version immersive, tout en permettant de basculer de l'un à l'autre selon la pertinence

---

[1] OpenXR est une norme ouverte créée par le Khronos Group pour faciliter le développement d'applications de réalité virtuelle (VR) et augmentée (AR). Elle fournit une interface unique permettant aux développeurs de créer des applications compatibles avec différents appareils et plateformes, sans s'inquiéter des spécificités techniques de chaque système.

[2] OpenUSD (Universal Scene Description) est une norme ouverte initialement développée par Pixar pour la création, l'échange et l'édition de contenu 3D, permettant une interopérabilité entre divers logiciels et plateformes 3D.

du service et les besoins de l'utilisateur. Certaines expériences immersives, comme assister à un concert en direct ou participer à une consultation médicale enrichie par des capteurs connectés et casques VR, bénéficieront pleinement de la 3D, offrant une immersion et une interaction accrues. Cette transition pourrait s'opérer de manière fluide, sans nécessiter d'intervention directe de l'utilisateur, grâce à une reconnaissance automatique de l'appareil utilisé pour accéder à la page. Le format, immersif ou non, s'ajusterait alors en fonction des capacités de l'appareil, en reprenant le principe du *responsive design*, déjà utilisé pour adapter les sites web aux écrans d'ordinateurs ou aux appareils mobiles.

L'adaptation progressive du Web aux perceptions tridimensionnelles de notre cerveau marque une évolution logique des technologies numériques, s'alignant davantage avec notre expérience sensorielle du monde. Ce passage à un Web hybride représenterait l'aboutissement naturel de notre quête d'immersion, ouvrant de nouvelles dimensions pour les interactions et l'exploration numériques.

On peut également envisager une réinvention du modèle économique, comme je l'ai déjà mentionné. Les créateurs, véritables architectes de ces nouveaux mondes, trouveraient dans le métavers non seulement un espace d'expression, mais aussi de rémunération juste et équitable, grâce à des systèmes décentralisés et des crypto-économies transparentes. Ce serait un univers où la créativité humaine serait valorisée, où la chaîne de blocs jouerait un rôle clé dans l'instauration de la confiance et de la propriété.

L'utopie serait un métavers éthique, éco-responsable, respectueux des libertés individuelles, qui parviendrait à éviter les dérives du Web 2.0, tout en capitalisant sur ses forces.

À l'avenir, les technologie métaversiques pourraient-elles remplacer partiellement ou même totalement certaines activités ?

On peut envisager un futur où certaines de nos activités, autrefois essentielles, migrent peu à peu vers le métavers, non pour s'y dissoudre, mais pour être vécues différemment. De la même manière que la pêche ou la chasse, vitales pour nos ancêtres, sont devenues pour la plupart d'entre nous des loisirs, certains pans de notre quotidien pourraient se métamorphoser, trouvant dans l'univers virtuel un terrain propice à leur évolution.

Le voyage, par exemple. Combien de fois avons-nous remis en question la pertinence des longs trajets aériens, que ce soit pour des raisons écologiques ou pratiques ? Imaginons un monde où l'exploration ne nécessiterait plus un déplacement physique, mais où le métavers offrirait une immersion complète, permettant à ceux qui en sont physiquement empêchés — par l'âge, la maladie — de voir les merveilles du monde sans même quitter leur fauteuil. Cette possibilité pourrait séduire un public bien plus large qu'on ne le pense, et pas uniquement par nécessité.

KLM s'est penchée sur des expériences virtuelles pour répondre à une demande croissante de voyages sans déplacements. Cette initiative s'inscrit dans une tendance plus large où les technologies immersives permettent de vivre des expériences de voyage sans les impacts environnementaux du transport aérien. Dans cette optique, KLM et d'autres acteurs du secteur explorent comment la réalité virtuelle peut offrir aux non-voyageurs un moyen de découvrir des destinations ou des cultures sans quitter leur domicile. Cette approche répond aux attentes d'un public soucieux de réduire son empreinte écologique tout en permettant d'atteindre une cible jusqu'alors inaccessible : les personnes qui, pour diverses raisons, ne voyagent pas.

Le shopping offre un autre exemple qui pourrait également trouver une nouvelle dimension dans l'univers virtuel. Se retrouver face à face avec un vendeur, dans une boutique parfaitement recréée virtuellement, tout en étant confortablement installé chez soi, loin des foules et du bruit, deviendrait une expérience privilégiée. Ce déplacement d'activités vers le métavers n'induirait pas une suppression de l'expérience réelle, mais au contraire, conférerait à celle-ci une rareté nouvelle, une sorte de précieuse exclusivité.

Le cinéma pourrait également suivre cette trajectoire. Partager une séance avec des amis géographiquement distants, vivre un film comme si l'on était ensemble dans la même salle, mais sans les contraintes physiques des lieux, voilà une perspective qui, loin de reléguer les salles obscures au passé, pourrait au contraire réenchanter cette expérience, tout en conservant la saveur unique de la sortie réelle (les plus jeunes diraient IRL[1]).

Les activités que nous transposerions dans le métavers ne deviendraient pas des substituts, mais des alternatives, enrichissant notre relation au réel plutôt que de la diminuer. À mesure que nous enlevons les contraintes pratiques, nous pourrions, paradoxalement, réapprendre à savourer l'authenticité de nos actions dans le monde physique, comme un retour à l'essentiel, une redécouverte de la valeur du tangible.

Quelles innovations technologiques pourraient permettre au métavers de se développer durablement ?

L'essence de cette technologie réside dans la promesse d'une réalité amplifiée, où la frontière entre le réel et l'immatériel s'efface. Pour tenter d'assurer cette promesse, on doit compter sur un entrelacement de technologies encore en quête de perfection. Le socle technique est important : capacité de calcul, autonomie, miniaturisation matérielle, capacité réseau, précision des capteurs, qualité des images.

Dans le cadre de l'enjeu de la légèreté des casques, on voit bien que la bataille est en marche. Apple a réduit le poids de son Vision Pro en libérant l'utilisateur de la batterie qui est

---

[1] IRL signifie « In Real Life », soit « dans la vraie vie » en français. Ce terme est couramment utilisé pour distinguer les interactions, expériences ou événements se déroulant dans le monde physique par rapport au monde virtuel ou en ligne.

désormais portable. BigScreen dont nous avons déjà parlé propose des lunettes de 127 grammes afin de profiter des projections sur écran géant.

Cependant, ce n'est pas uniquement l'allègement matériel qui importe, mais l'élévation des sens : des caméras précises, des retours haptiques qui donnent à toucher l'intouchable, des combinaisons qui prolongent la peau dans le virtuel. La chaîne de blocs, quant à elle, pourrait bien devenir la colonne vertébrale de cette réalité nouvelle, car elle nous permet de certifier l'insaisissable, de donner une valeur tangible à l'immatériel.

Ces innovations reflètent une vérité profonde : l'homme n'a jamais cessé d'inventer pour repousser les limites de ses perceptions. Nous avons constamment cherché à voir plus petit, plus loin, à explorer et à ressentir le monde de la manière la plus intense possible. C'est presque inscrit dans notre essence humaine, une façon de nous sentir vivants. Ainsi, nous aspirons à rendre le Web plus palpable, sensible et profondément humain.

À bien des égards, le progrès actuel apparaît comme la convergence de nos rêves technologiques : là où l'image et la profondeur, la lumière et l'ombre, les sons et les textures s'unissent pour offrir à l'humain une nouvelle manière de se projeter dans l'espace et le temps. Les innovations technologiques ne sont que des véhicules. Ce que nous cherchons réellement à travers elles, c'est une expérience du monde plus riche, plus immersive, où chaque élément, chaque outil n'est qu'un prolongement de notre capacité à rêver. C'est cela qui nous portera, je le pense, vers un Web immersif.

Est-il réellement probable que ce « Web immersif », comme vous l'appelez, devienne un élément essentiel de notre quotidien ? Et, à ce stade, à quoi pourrait-il ressembler ?

Je crois que son intégration ne se fera pas par une révolution brusque, plutôt par une évolution progressive, presque imperceptible, un glissement qui rendra son adoption naturelle, fluide. Le Web immersif, sous toutes ses formes, que ce soit via la réalité virtuelle ou des interfaces plus familières comme nos téléphones et ordinateurs, s'insérera doucement dans les multiples aspects de notre vie. Si la promesse de la multimodalité est tenue, avec des technologies interconnectées et accessibles, il n'est pas improbable que le web immersif devienne une extension logique de notre quotidien.

Cependant, je pense ici aux générations à venir, plus qu'à la nôtre. Aujourd'hui, la moyenne d'âge des utilisateurs des espaces virtuels est très jeune. Ces utilisateurs ne se contentent pas seulement d'explorer cet espace virtuel, ils y créent, ils y bâtissent. Ils passent des heures à construire des expériences, à façonner des environnements dans des plateformes souvent orientées vers le jeu et le divertissement. Ces jeunes ne sont pas de simples spectateurs ; ils sont les bâtisseurs d'un monde nouveau, un monde dans lequel ils investissent temps et énergie.

Dans quelques années, les primo-adoptants auront grandi. Ils prendront conscience du pouvoir qu'ils détiennent et de l'importance de la création en cours. Ils auront déjà largement contribué à façonner leur identité en ligne et participé activement à son déploiement. Ayant adopté l'outil, ils chercheront à le pousser encore plus loin, notamment en monétisant le temps qu'ils ont investi et les créations qu'ils auront produites. Il est probable qu'ils refuseront de travailler pour des plateformes centralisées qui captent leurs efforts sans les valoriser à leur juste mesure.

Ces utilisateurs aspireront à posséder pleinement leur identité numérique, et ils disposeront des outils nécessaires pour y parvenir. Ils assumeront que les objets virtuels puissent être utilisés librement sur toutes les plateformes, sans restriction. Ces objets seront liés à un coffre-fort numérique personnel, consultable par les acteurs avec lesquels les utilisateurs choisiront d'interagir. L'interopérabilité permettra de créer des items indépendants, non associés par défaut à une seule entreprise. À l'instar d'un objet physique que l'on peut déplacer de pièce en pièce, les utilisateurs pourront intégrer leurs objets numériques dans les univers virtuels de leur choix.

Dans le futur, on peut imaginer que les utilisateurs chercheront à établir une relation plus forte et interactive avec les plateformes qui enrichissent leur expérience de jeu. Ils ne se satisferont pas d'une expérience statique ou prédéfinie. Ils voudront participer activement, exprimer leurs envies et coconstruire les expériences proposées.

Naturellement, l'intelligence artificielle jouera un rôle clé dans ce processus. Elle contribuera à démocratiser la création, en mettant l'accent sur les résultats et les finalités, plutôt que sur les contraintes techniques. Cela permettra à un plus grand nombre de personnes de s'approprier ces technologies et de contribuer à leur évolution.

Il est probable qu'à l'horizon de quelques années, les espaces virtuels immersifs et persistants occupent une place encore plus significative. Un rapport de Gartner suggérait que d'ici 2026, 25% de la population y passera entre une à deux heures par jour. Ce n'est peut-être pas si surprenant, si l'on considère comment notre utilisation du Web a évolué. Le Web tel que nous le connaissons, avec ses écrans bidimensionnels et ses interfaces planes, évolue déjà vers des formes plus immersives, plus tridimensionnelles. On s'inscrit naturellement dans cette continuité. Que vous souhaitiez acheter un produit, assister à un événement, ou même explorer des lieux, tout cela pourrait bientôt se faire dans un espace qui transcende l'écran.

L'immersion s'apprête à s'inviter partout dans le monde, sans que nous ayons besoin de nous déplacer. Les prochaines expériences de réalité augmentée pourraient se déployer autour de nous, transformant chaque recoin de la planète en une histoire ou en une expérience interactive. Une devanture de magasin pourrait s'animer, un monument historique pourrait prendre vie, enrichissant notre perception du réel.

Niantic[1], par exemple, a développé une technologie innovante basée sur l'apprentissage profond, permettant une localisation rapide et précise pour les expériences de réalité augmentée géolocalisée. L'ambition de Niantic va bien au-delà de la technologie : inviter les gens à explorer le monde, à l'enrichir et à lui ajouter une dimension narrative. Une manière de redécouvrir notre environnement avec une touche de magie numérique.

Ces technologies ne vont pas révolutionner notre quotidien en un instant. Elles vont s'insérer petit à petit, modifiant nos habitudes en douceur. Voir un produit que l'on souhaite acheter en trois dimensions sur son bureau, manipuler des objets virtuels, faire de l'essayage virtuel, interagir avec des environnements immersifs deviendra peu à peu la norme. Et une fois que nous aurons goûté à cette forme d'interaction, il sera difficile de revenir à nos écrans bidimensionnels. Cette adoption progressive se fera à travers une multitude de cas d'usage : un GPS qui utilise la réalité augmentée sur votre pare-brise, un shopping immersif où vous parcourez un magasin virtuel, ou encore des réunions où des collègues se joignent à vous, non plus via une simple vidéo, mais en apparaissant sous forme d'avatars dans un espace partagé. Ce ne sont pas des fictions lointaines, ce sont des réalités émergentes qui dessinent les contours de notre avenir.

----

[1]Niantic, Inc. est une entreprise pionnière dans le domaine de la réalité augmentée fondée en 2010 en tant que projet interne chez Google avant de devenir indépendante en 2015. Elle est connue pour le développement de jeux mobiles basés sur la géolocalisation, tels que Pokémon GO, Ingress, et Pikmin Bloom.

Pouvez-vous résumer votre vision des évolutions nécessaires pour que le web immersif puisse relever les défis et répondre aux attentes de ses futurs utilisateurs ?

Ce nouveau web devra s'adapter à des exigences qui vont bien au-delà de l'émerveillement technologique. Car si, aujourd'hui, il séduit par sa capacité à immerger et à offrir une illusion de présence, demain, il sera attendu sur des terrains plus profonds : ceux de l'accessibilité, de la sécurité, de la gouvernance, et, bien sûr, de la durabilité.

Les futurs utilisateurs ne se contenteront pas de la simple performance technique. Ils voudront que les espaces virtuels deviennent un espace où leurs droits sont respectés, où la vie privée n'est pas un compromis à concéder pour une expérience plus fluide. L'évolution technologique devra intégrer des solutions qui protègent les données personnelles tout en offrant des expériences immersives, sans que l'utilisateur ne se sente espionné ou manipulé.

Mais au-delà de cela, se pose également l'enjeu de la démocratisation. Une telle technologie ne pourra rester un privilège réservé à ceux qui peuvent se permettre l'équipement le plus sophistiqué ou à ceux qui évoluent dans des cercles technophiles. Pour devenir un espace inclusif, il devra proposer des solutions accessibles, tant en termes de coût que d'interface, afin que chacun, quel que soit son lieu, ses capacités ou ses moyens, puisse s'y aventurer. L'enjeu sera de construire un espace où l'on ne se sent pas étranger, mais où l'on peut trouver sa place, interagir, créer, et apprendre.

Ensuite, on devra affronter la question de l'utilité. Au-delà du divertissement et des jeux vidéo, les utilisateurs voudront que ces mondes virtuels apportent des solutions concrètes aux problèmes réels : l'industrie, l'éducation, la santé. L'attente est claire : on devra répondre à des besoins tangibles et s'ancrer dans une réalité augmentée, non pour s'évader, mais pour mieux vivre le réel. En ce sens, beaucoup de progrès ont déjà eu lieu.

Enfin, et peut-être surtout, on devra relever le défi de la durabilité. Si le monde virtuel devient ce gigantesque espace d'interactions humaines, il ne pourra le faire au détriment de l'environnement. Il devra se développer en minimisant son empreinte carbone, en adoptant des technologies qui consomment moins d'énergie, qui optimisent les ressources, et qui encouragent une utilisation responsable des infrastructures numériques. Ce n'est pas seulement une question de faisabilité technique, mais aussi de responsabilité collective.

Le web immersif ne sera pas uniquement un espace de fantasmes technologiques, mais un véritable prolongement de nos sociétés, un lieu où les attentes des individus seront prises en compte de manière éthique, durable et inclusive. Si cette promesse est tenue, alors peut-être que les espaces virtuels cesseront d'être un simple gadget pour devenir une réalité incontournable, un espace à part entière où se redéfiniront nos interactions.

Je voudrais ajouter que l'évolution de cette technologie ne pourra se faire qu'à travers une véritable collaboration, où la participation de chacun jouera un rôle déterminant. Ce n'est pas une technologie figée, imposée d'en haut, mais un projet en construction, façonné à mesure que les idées se croisent, que les expériences se multiplient, et que les usages s'affinent. La meilleure manière de répondre aux attentes des utilisateurs est d'impliquer ces derniers dans le processus même de création, en écoutant leurs besoins, en apprenant de leurs critiques, en s'adaptant à leurs aspirations. Ce dialogue permanent entre créateurs et utilisateurs sera l'une des clés.

Ce dont il est question dépasse largement la simple technologie : c'est un véritable projet social, un espace d'échanges et de co-construction où chacun peut contribuer à bâtir un avenir commun. Il s'agit d'un processus vivant, où les directions prises doivent trouver du sens non seulement dans les avancées technologiques, mais aussi dans les réponses qu'elles apportent aux besoins. C'est par cette approche critique et intelligente, par cette écoute constante des différents acteurs, que le nouveau web pourra véritablement évoluer et répondre aux défis qui l'attendent.

La construction repose donc sur une dynamique collective : il ne s'agit pas de subir cette technologie, mais de la construire ensemble. C'est là tout son potentiel : un outil façonné par les mains de ceux qui l'utilisent, une plateforme dont les contours se dessinent au fur et à mesure que se manifeste l'intelligence collective. Cette approche, qui place l'utilisateur au cœur de l'innovation, sera essentielle pour garantir un espace véritablement à l'écoute et adapté aux attentes et aux enjeux des générations futures.

Pour conclure, revenons au début de cet ouvrage, à cette vision d'un métavers « mort ». Finalement, il semble que vous ne l'ayez pas véritablement enterré, mais plutôt transcendé, pour ouvrir la voie à quelque chose de plus profond. Enterrez-vous le métavers, ou célébrez-vous la naissance de quelque chose de nouveau ?

Le métavers, me semble-t-il, n'est pas une fin en soi. Il est une flamme, une étincelle, qui éclaire une idée essentielle : celle d'une technologie qui, au lieu de nous enfermer, nous libère, qui ne se contente pas d'être fonctionnelle, mais aspire à être immersive. Il surgit à point nommé pour combler les lacunes d'un Web qui, dans son format actuel, manque cruellement de profondeur et d'âme. Aujourd'hui, l'expérience utilisateur ressemble à un ballet monotone de boites : des rectangles dans des rectangles, confinés dans des écrans plats. Tout cela est pratique, peut-être, mais c'est tout sauf inspirant.

Nous sommes prisonniers d'un labyrinthe de boîtes : des écrans, des cookies, des mots de passe, des flux de contenus dictés par des algorithmes avides de capter notre attention, au détriment de la véritable signification. C'est un univers terne et rigide, où l'émotion n'a que peu de place, où l'interaction reste désespérément mécanique.

Ce monde étriqué appelle une transformation, une révolution même. Nous avons besoin d'un Web qui dépasse ces carcans, qui ne se contente pas de fonctionner, mais qui émeut, qui inspire, qui connecte. Un Web où l'humain retrouve sa place centrale, où la technologie ne brille pas par sa complexité, mais par sa capacité à s'effacer, à disparaître pour mieux laisser place à l'expérience, à l'émotion, à la vie.

Je ne parle pas ici de simples améliorations techniques ou de gadgets sophistiqués. Je parle d'un Web où la technologie devient un murmure, un souffle, une présence subtile qui enrichit nos vies sans jamais les envahir. Un Web immersif, fluide, émotionnel, qui transcende les rectangles et les algorithmes pour renouer avec l'essence même de l'humain.

Le métavers, tel qu'on l'a imaginé jusqu'ici, est peut-être un mirage. Mais il ouvre la voie à quelque chose de plus grand, de plus vrai : un Web immersif, vibrant, profondément humain. Une nouvelle ère commence, où la technologie s'efface pour laisser place à l'essentiel. Je crois que nous sommes prêts pour effectuer cette transition. Et c'est ce futur, plus simple et plus riche à la fois, que je veux espérer.

TABLE DES MATIÈRES

DU MÊME AUTEUR

Le manuel du métavers, Charles Perez & Karina Sokolova, 2022.

Qu'avons-nous fait ? Charles Perez, 2022.

L'éden avant la chute : le déni d'une intelligence artificielle générale, KDP, Charles Perez, 2021.

La nature numérique de l'homme : aux frontières entre numérique et organique, KDP, Charles Perez, 2021.

L'être dans l'univers numérique, Charles Perez, 2021.

La Prison numérique, L'Harmattan, Charles Perez & Karina Sokolova, 2020.

La cybersécurité, Studyrama, Charles Perez & Karina Sokolova, 2018.

Les concepts clés du digital, Studyrama, Charles Perez & Vincent Dutot, 2018.

100 fiches pour comprendre le digital, Bréal, Charles Perez & Vincent Dutot, 2019.

www.ingramcontent.com/pod-product-compliance
Lightning Source LLC
La Vergne TN
LVHW051321050326
832903LV00031B/3286